展现科技发展辉煌成就 讴歌自主创新中国力量

丛书总主编
倪光南

智联天下
移动通信改变中国

邵素宏 含光 周圣君 著

人民邮电出版社
北京

图书在版编目（ＣＩＰ）数据

智联天下：移动通信改变中国 / 邵素宏，含光，周圣君著. -- 北京：人民邮电出版社，2019.9
（科技改变中国）
ISBN 978-7-115-51856-9

Ⅰ. ①智… Ⅱ. ①邵… ②含… ③周… Ⅲ. ①移动通信－通信技术－产业发展－研究－中国 Ⅳ. ①F426.63

中国版本图书馆CIP数据核字(2019)第171677号

内 容 提 要

新中国成立 70 年来，科技引领着时代发生了巨变。这其中，我国移动通信行业推动着国人视野、发展观念、产业实力、大众生活乃至整个社会运行方式的改变，为经济社会发展做出了重大贡献，发展成果惠及亿万百姓。

本书以 5G 起笔，从大众关心的事件逐渐展开，从豪华 1G、全民 2G、坎坷 3G，到惊艳 4G、智能 5G，环环相扣，展现了我国移动通信行业 30 余年波澜壮阔的发展，以及市场带动技术、技术驱动产业、创新促进发展的历程。

本书通过一个个转折性事件、一组组节点型故事、一群群代表性人物，述说"变化"，分析"变化"，思考"变化"，最终向世人揭示：移动通信改变中国，归根结底是创新改变中国，是坚持改变中国，是合作改变中国，是开放改变中国。

◆　　　　著　　邵素宏　含　光　周圣君
　　　　责任编辑　韦　毅
　　　　责任印制　李　东

◆　人民邮电出版社出版发行　　北京市丰台区成寿寺路 11 号
　　邮编　100164　　电子邮件　315@ptpress.com.cn
　　网址　http://www.ptpress.com.cn
　　北京富诚彩色印刷有限公司印刷

◆　开本：720×960　1/16
　　印张：17.5　　　　　　　　　　2019 年 9 月第 1 版
　　字数：283 千字　　　　　　　　2019 年 9 月北京第 1 次印刷

定价：69.00 元

读者服务热线：(010)81055552　印装质量热线：(010)81055316
反盗版热线：(010)81055315
广告经营许可证：京东工商广登字 20170147 号

"科技改变中国"丛书

编委会

丛书总主编

倪光南　中国工程院院士，中国科学院计算技术研究所研究员

丛书副总主编

宁　滨　中国工程院院士，北京交通大学原校长

吴伟仁　中国工程院院士，国家国防科技工业局中国探月工程总设计师

徐宗本　中国科学院院士，西安交通大学原副校长

顾　翀　人民邮电出版社有限公司党委书记、总经理

韩建民　杭州电子科技大学融媒体与主题出版研究院院长

编　委

武锁宁　中国通信企业协会副会长，人民邮电报社原总编辑

陈　钟　北京大学教授、博士生导师

马殿富　北京航空航天大学教授、博士生导师

胡坚波　中国信息通信研究院总工程师

安　晖　中国电子信息产业发展研究院副总工程师

何宝宏　中国信息通信研究院云计算与大数据研究所所长

陆　峰　中国电子信息产业发展研究院电子信息产业研究所副所长

"科技改变中国"丛书

总策划

顾 翀　张立科

人民邮电出版社有限公司

杭州电子科技大学融媒体与主题出版研究院　　　　联合组编

编辑工作委员会

主　任

张立科　韩建民

副主任

王　威　李　际

委　员

刘玉一　韦　毅　贺瑞君　刘盛平　梁海滨　易东山

李海涛　刘　劲　张康印　贾安坤　吴大伟　陈万寿

王维民　哈宏疆　杨海玲　邓昱洲　林舒媛　袁慧茹

赵祥妮　王玉琦　王丽丽　高　阳

万物智联时代，贡献"中国智慧"

　　科学技术是社会文明进步的原动力，是人类创造未来的金钥匙。近几十年来，以移动通信为代表的现代信息技术的发展突飞猛进，给我们的经济结构、行为方式、思维范式和想象边界都带来了颠覆式改变。其中，移动通信发展的"中国模式""中国速度"令全球瞩目，让世界惊叹。

　　1986 年初，国家筹组中国移动通信网络建设专家组，我有幸被选中，与李默芳、卢尔瑞等专家一起研究中国移动通信网络技术体制和运作规程，制定中国移动通信网络体制标准。1986 年 8 月，我应聘到国际电信联盟工作，从此离开了中国早期组建的移动通信专家团队，也离开了那之后中国如火如荼展开移动通信建设的主战场。在此后的岁月中，我一直关注着中国的移动通信建设。

　　截至 2019 年 6 月底，中国的移动电话用户数已达 15.9 亿户，其中手机上网用户数就达到 13 亿户。[①] 如今，中国的移动电话用户数、移动宽带用户数均位居世界第一，中国拥有全球最多的移动通信基站、规模最大的 4G 商用网络和增长最快的移动互联网应用市场。中国已经成为全球头号移动通信大国、移动电商大国和移动支付大国。

　　从 1G 空白、2G 跟随，到 3G 突破、4G 同步，再到今日的 5G 局部

---

① 除非明确指出，本书中涉及我国的数据，不包括港澳台地区。

领先，中国的移动通信行业从无到有，从小到大，从弱到强，经过 30 余年的时间，成功地将移动通信从少数人享有的"稀缺资源"，变成惠及全球1/5 人口的一流公共基础设施，并且催生了数家在全球举足轻重的一流企业，积累了大量的核心技术和知识产权，形成了先进完整的移动通信产业体系，培育了空前繁荣的移动互联网产业生态。可以说，移动通信深刻地改变了中国，而中国也在积极地影响着世界，开始向世界贡献"中国智慧"。

在我看来，中国在移动通信领域取得的巨大成就，源于对技术趋势的准确把握，源于"政产学研用"的高效联动，源于敢于担当的不懈创新，更源于中国通信行业百年传承的艰苦奋斗精神。

2019 年，5G 已经在全球揭开商用大幕，万物智联时代正向我们昂扬走来，那是一个充满无限可能的智能信息社会，人类将跨入崭新的阶段。我相信，发明创新是推动移动通信技术继续发展的核心要素，开放合作是引领全球信息通信服务水平不断提高的主旋律。中国大有可为，中国大有作为！

是为序。

国际电信联盟秘书长

2019 年 7 月

如果要列举新中国成立 70 年来，我国在全球化竞争中核心技术实力提升最快、受益人群最广、市场竞争力最强、全球知名度最高的行业，毫无疑问，通信行业，特别是移动通信行业必定榜上有名。这是中国走进大众、走出国门、走向世界的高科技行业。

2019 年 10 月 1 日，我们将迎来中华人民共和国成立 70 周年华诞。为深入解读 70 年来中国科技发展的辉煌成就，人民邮电出版社精心策划了"科技改变中国"丛书，为读者奉上一幅幅波澜壮阔的新中国科技创新画卷，《智联天下：移动通信改变中国》就是其中之一。

作为一名新闻工作者，我十分幸运，能够连续 16 年身处移动通信发展最前沿，行走在移动通信创新第一线，见证并记录我国移动通信行业发展的重大决策、关键事件、创新历程、辉煌成就，以及给大众信息生活、经济社会发展带来的深刻改变，给人类社会进步和发展带来的巨大影响。十分感谢人民邮电出版社顾翀社长和张立科总编辑的精彩创意与学术出版中心王威总经理、韦毅编辑的精心组织，让我有缘与资深行业专家含光、通信科普高手周圣君（小枣君）组成一个团结、友爱、有趣的写作团队，共同策划创作这部为新中国成立 70 周年献礼的专著。

伴随着改革开放的春风，我国的移动通信行业至今已走过了 30 余年波澜壮阔的发展历程。从豪华 1G、全民 2G、坎坷 3G，到惊艳 4G、智能

5G，我国移动通信行业紧紧抓住每一次技术创新的机遇，攻坚克难，以市场带动技术，以技术驱动产业，以创新促进发展，不仅实现了产业自身的华丽"蝶变"，从默默无闻的跟随者迅速成长为全球移动通信领域的主导者，而且推动着国人视野、发展观念、产业实力、大众生活乃至整个社会运行方式的改变。可以说，我国移动通信行业为经济社会发展做出了重大贡献，发展成果惠及亿万百姓。

本书以当前社会热点起笔，从大众最关心的中兴、华为事件逐渐展开，由1G到5G，环环相扣，既有移动通信技术的科普知识，又有曲折跌宕的行业发展历程，力图通过一个个转折性事件、一组组节点型故事、一群群代表性人物述说"变化"，分析"变化"，思考"变化"。

移动通信改变了中国什么？是如何改变的？未来还将怎样改变？这是本书写作的主线。

从奢侈品到必需品，从追赶者到领先者，从模仿到被模仿……移动通信改变中国，归根结底是创新改变中国，是坚持改变中国，是合作改变中国，是开放改变中国。这是本书想要传递的理念。

著书的过程中，笔者发现，我国的移动通信行业很有特点。

这是一个总是给人意外的行业。这个行业的发展数据几乎很少有人预测准确过。在行业发展之初，当有机构预测2000年全国移动电话用户数将达80万户时，几乎所有人，包括业内专家，都觉得这是天方夜谭。而2000年底，我国的移动电话用户数达到了8453万户。3G时期对TD-SCDMA的预测，4G时期的用户发展预测，无不如此。这种出人意料的结果，其实不是偶然，而是必然。这源于广大通信人的坚守，源于广大用户的支持，源于科学技术的进步，源于国家稳定的发展环境。

这是一个总是充满焦虑的行业。在瞬息万变的高科技领域，机遇稍纵即逝。1G 到 5G，这个行业从一穷二白到追随、突破、同步、局部领先，总是唯恐错失任何一个创新机遇，唯恐耽误任何一次市场发展。现代高科技领域的追赶者时刻焦虑着，也时刻奋进着。

这是一个总是逆向前行的行业。地震、洪水、台风、泥石流……当大多数人从灾区紧急向外撤退的时候，通信人却背起行囊、扛起设备，义无反顾地奔向最危险的地方。因为，通信就是生命线，有信号就有希望。因为，他们心怀责任，他们心怀使命，他们心怀家国。

…………

其实，有关这个曾经受制于人的行业 30 余年来的"逆袭"之路，值得书写的精彩故事、值得铭记的先锋人物、值得总结的成败得失，实在太多太多。笔者仅以有限的见识、有限的视角，平实、客观地评析一二。如有不当之处，还请大家拨冗指出。

在此，特别感谢工业和信息化部信息通信发展司司长闻库、国家无线电监测中心主任张枢、中国移动办公厅主任高颂革等业内专家的专业指点。感谢中国通信企业协会副会长、人民邮电报社原总编辑武锁宁，以及人民邮电报社现任总编辑王保平对本书写作的倾心指导，感谢人民邮电报社各位领导和同事给予的大力支持。感谢接受过笔者采访的原信息产业部部长吴基传、中国工程院院士邬贺铨、中国移动原总工程师李默芳，以及笔者采访过的、关心移动通信发展的 500 余位行业内外、国内外人士。

技术可以引进，但能力无法引进，我们必须自强！特以本书向为我国移动通信行业发展做出不懈努力的人们致敬！

邬贺铨

2019 年 7 月

001　第一章　锋从磨砺出

002　引子

003　1.1　逆境初现，坦然应对

007　1.2　移动通信战略高地上的中国声音

009　尾声

011　第二章　豪华 1G，改变视野

012　引子

013　2.1　美妙的无线电波

020　2.2　一切从零开始

023　2.3　铃声一响，黄金万两

029　2.4　无奈与妥协

032　尾声

033　第三章　全民 2G，改变观念

034　引子

035　3.1　移动通信不是配角，是主角

037　3.2　选 GSM 还是 CDMA？

044　3.3　改革！分家！打破垄断！

056　3.4　"巨大中华"崭露头角

060　3.5　红筹第一股，央企改革样板

066　3.6　提振经济，普惠大众

072　尾声

075　第四章　坎坷 3G，改变产业

076　引子

077　4.1　提交自己的标准，迫在眉睫

080　4.2　梦想起航

086　4.3　谁来牵头？

091　4.4　难题一个接着一个

102　4.5　移动互联网时代揭幕

104　4.6　砸下几千亿元值不值？

107　4.7　"独角戏"没有未来

108　尾声

111 第五章 惊艳4G，改变生活

112 引子

113 5.1 4G上演"三国演义"

117 5.2 标准背后的博弈

128 5.3 前所未有的速度

134 5.4 建成全球最大的4G网络

142 5.5 移动互联网，一起狂欢

153 5.6 这是产业链，这是创新链

162 5.7 走向世界，影响全球

167 5.8 闯出科技创新路

171 尾声

173 第六章 智能5G，改变社会

174 引子

175 6.1 5G，你好

182 6.2 5G NR 关键技术

192 6.3 5G 网络架构的改进

196 6.4 5G+XR，沉浸式体验震撼来袭

200　6.5　5G+ 车联网，发轫之始

203　6.6　5G+ 无人机，凌空展翼

207　6.7　5G+ 工业互联网，让制造"智能"起来

211　尾声

213　**第七章　中国 5G，改变未来**

214　引子

215　7.1　5G，开启第四次工业革命的钥匙

221　7.2　中国 5G 的优势究竟在哪儿？

232　7.3　中国 5G 时代提前开启

249　尾声

251　**专家观点**

252　移动通信行业是新中国科技创新的典范

　　　（采访中国工程院院士、中国互联网协会理事长邬贺铨）

259　移动通信发展彰显大国自信

　　　（采访中国工程院院士倪光南）

263　**结语**

第一章

锋从磨砺出

引子

制裁、封锁、围攻……从中兴到华为，启动国家机器打压一家企业，这样的情况在移动通信领域极为罕见，令人难以置信，但却实实在在地发生了。

这背后是"科技冷战"，是信息霸权，亦是某些力量对中国力量在移动通信这一高科技领域崛起的恐慌！

面对黎明前的黑暗，是焦虑狂躁，无所适从，就此低头放弃，还是砥砺奋进，从容前行，奔着曙光而去？执着的中国通信企业用实际行动交出了自己的答卷。

这背后是战略布局，是勇于担当，亦是中国精神数十年来在移动通信领域的代代传承！

1.1 逆境初现，坦然应对

北京时间 2018 年 4 月 16 日夜，美国商务部宣布，因中国通信设备制造商中兴通讯股份有限公司（简称中兴）违反美国政府的"制裁禁令"，禁止美国公司向其出售零部件、软件和提供服务，期限为 7 年。此外，对中兴处以 3 亿美元的罚款。这部分罚款可暂缓支付，主要视中兴未来 7 年执行协议的情况而定。

这无异于重磅贸易炸弹，中兴 A 股、H 股被迫双双停牌，进入"休克"状态。来自美国的零部件占中兴制造原材料的 10% ~ 15%，这些零部件大多由美国垄断，短时间内难以找到替代，如果"禁令"实施 7 年，中兴将遭受灾难性的打击。

中兴是什么企业？美国政府为何要对这家企业采取这般的"禁令"？

中兴成立于 1985 年，是全球第四大通信设备制造商，也是我国内地最大的通信设备上市公司，年营收规模、总市值双双超 1000 亿元。中兴位居"全球创新企业 70 强"与"全球 ICT 企业 50 强"之列，全球专利申请超过 7.3 万件、已授权专利超过 3.5 万件，其 PCT（Patent Cooperation Treaty，专利合作条约）国际专利申请量三度居全球首位，并连续 9 年进入全球前五。值得关注的是，中兴在全球 5G 领域的影响力举足轻重。

按照美国政府的说法，此次对中兴采取的"制裁禁令"缘于两年前的一桩旧案。

2016 年 3 月 8 日，美国商务部指控中兴涉嫌违反美国对伊朗的出口管制政策，禁止美国公司向中兴出售零部件、软件和提供服务。次年 3 月，中兴与美国商务部达成和解。根据协议，中兴要向美国政府支付 11.92 亿美元的罚款，其中 3 亿美元缓期执行，如果中兴在协议签署之后 7 年内未违反协议内容，该笔罚款将被豁免。

上次旧案不再细表，这次美国政府又是什么理由？就一条：中兴此前承诺解雇 4 名高级雇员，并通过减少奖金等方式处罚 35 名员工，但最终只解雇了 4 名高级雇员，并未处罚其余的 35 名员工。

如此牵强的理由，匪夷所思。

这绝不是什么违反协议的单纯制裁，这是美国遏制我国高科技产业崛起的"定点"打击。2018 年 4 月初，美国贸易代表办公室发布了加征关税的商品清单，要对从中国进口的价值约 500 亿美元的商品加征高额关税，该清单就涉及新一代信息技术领域的商品。

在我国政府的积极斡旋下，美国商务部长罗斯宣布与中兴达成新的和解协议，美国将执行新的 10 年暂缓令。就连罗斯自己都承认，这是美国商务部史上罚款规模最大、处罚最严厉的出口管制案。

此次事件，中兴付出了巨大的代价，我国在核心芯片领域的软肋也暴露无遗。然而，有识之士早已看出：在产业高度分工、产业链全球化的背景下，美国制裁中兴，就因为它是我国高科技领域掌握核心技术的标杆企业，因为它是全球"5G 先锋"。

很快，华为技术有限公司（简称华为）的遭遇就印证了这一判断。

2018 年 12 月 1 日，中国公民、华为首席财务官，华为创始人任正非的女儿孟晚舟在加拿大温哥华转机时，被加拿大以应美方要求为由扣押。加拿大司法部发言人麦克莱德说，美国正在寻求对孟晚舟的引渡。

5 天后，事件一经曝出，引发巨大关注，全球哗然。受该事件的影响，5G 概念股集体低开，上证指数、深证成指、香港恒生指数皆成跌势，华为核心供货商的市值蒸发数百亿元。

中国驻加使馆和中国外交部严正表态，对这一严重侵犯人权的行为表示坚决反对并强烈抗议。12月8日，我国外交部副部长乐玉成紧急召见加拿大驻华大使麦家廉，就此事提出严正交涉和强烈抗议。12月11日，我国外交部长王毅发表演讲时表示，对于任何肆意侵害中国公民正当权益的霸凌行径，中方绝不会坐视不管，将全力维护中国公民的合法权利，还世间一份公道和正义。同日，加拿大法院批准了孟晚舟的保释申请。

这个事件还在等待最终的结果。

超出众人预料的是其后美国对华为采取的行动。一方面，美国政府以安全为由，屡屡游说西方盟友抵制华为5G设备，然而应者寥寥，因为华为5G设备卓越的技术优势和成本优势令国际运营商难以拒绝。另一方面，美国政府再次凭借其在高科技领域的"霸主"地位，对华为实施"禁运"。

当地时间2019年5月15日，美国总统特朗普签署行政命令，宣布美国进入紧急状态，在此状态下，美国企业不得使用对国家安全构成风险的企业所生产的通信设备。随后，美国商务部发表声明，将华为及其70个关联企业列入美方"实体清单"，禁止华为在未经美国政府批准的情况下从美国企业获得零部件和相关技术。

这与此前美国对中兴挥舞大棒如出一辙。英特尔、高通、ARM、谷歌等华为的核心供应链企业皆受"禁令"影响，华为面临供应链全面断货的巨大危机。

美国的一纸"禁令"，实乃"伤敌一千，自损八百"之举。据市场研究机构Gartner的报告，华为2018年仅半导体的采购支出就达211亿美元，是全球仅次于三星和苹果的第三大芯片买家，而这些芯片大多产自美国。

这一举措给美国的企业也带来了极大的打击。在多方因素的影响下，美国意图对华为实施的"降维打击"突然暂停。5月20日，美国决定将对华为的"禁令"延迟90天实施，理由是华为及其商业伙伴需要时间升级软件以及处理一些合同义务的问题。

美国为何不惜动用国家机器，如此针对华为这家中国企业？确切地说，因为恐慌。

恐慌来自华为的成长速度。华为成立于1987年，短短30余年就发展成为全球排名第一的通信设备制造商。华为高度重视标准与专利，专利数以平均每天申请6件的速度增长，而且质量较高，超过85%为发明专利。根据世界知识产权组织的数据，2018年华为就向该机构提交了5405件专利申请，在全球所有企业中排名第一。

更让美国恐慌的是，华为在5G领域拥有独一无二的优势，是目前全球能够提供端到端5G商用解决方案的两家通信企业之一。目前，华为共向3GPP（3rd Generation Partnership Project，第3代合作伙伴计划）提交5G标准提案18 000多篇，向ETSI（European Telecommunications Standards Institute，欧洲电信标准组织）声明5G基本专利2570族，在业界均排名首位。

面对突如其来的黑暗时刻，华为的应对沉稳而又霸气。对于我国高科技企业最大的软肋——芯片和操作系统，华为早有"备胎"。海思总裁何庭波致员工的一封信迅速在网络中传播，信中的豪言壮语气势如虹："多年前，华为就做出了'极限生存'的假设……今天，是历史的选择，所有我们曾经打造的'备胎'，一夜之间全部转'正'！"

一系列事件发生后，一向低调的华为创始人任正非开始高频次接受中外媒体采访，并邀请媒体走进华为高科技实验室参观。这位在多年前就布局短板领域、为华为"极限生存"做准备的战略家，表示对未来充满信心。他在接受美国消费者新闻与商业频道的采访时表示，华为营收还在增长，可以独立应付美方"禁令"。

从中兴到华为，美国手段不一，但目标明确，不惜一切代价，要遏制中国移动通信高科技产业的崛起，哪怕撕下民主、自由的外衣。

从布局到应对，中国的通信企业披荆斩棘，不畏一切困难，唯执着创新，要让创新的技术和解决方案惠及世界各地，哪怕面对无情、无理的打压。

1.2 移动通信战略高地上的中国声音

随着第三次工业革命——信息革命大门的开启，信息化、网络化成为当今世界最显著的特征之一，推动经济社会转型、实现可持续发展、提升国家综合竞争力的强大引擎启动了。

特别是第二次世界大战之后，全球主要国家基本达成共识：强化网络基础设施建设是提升国家综合竞争力的必由之路，只有掌握先进的信息技术、网络技术，才能拥有发展优势。因此世界各国纷纷将发展宽带网络作为战略部署的优先行动，作为抢占新时期国际经济、科技和产业竞争制高点的重要举措。

其中，随着移动通信技术的不断突破，宽带化、移动化两大网络发展方向逐渐在移动通信领域实现了统一。移动通信也成为新时期经济社会发展的战略性公共基础设施，直接影响着经济、社会、文化、军事等各领域的发展，成为全球科技创新和大国必争的战略高地。

因此，从 1G、2G 到 3G、4G，直到 5G，全球主要国家在移动通信标准、系统、终端、运营、应用等领域展开了激烈的竞争。

在一片硝烟之中，中国力量逐渐崛起。我国成为全球头号移动通信大国、设备生产大国、手机制造大国与移动互联网大国。

在运营领域，我国已在神州大地建成了沟通城乡、覆盖全国、通达世界的全球最大的移动通信网络，全国基站总数超过 600 万座，其中仅 4G 基站就超过 456 万座，约占全球 4G 基站总数的 2/3。在网络覆盖率处于全球顶尖水平的同时，我国的移动宽带速率也在快速提升。2019 年第一季度的《中国宽带速率状况报告》显示，我国的移动宽带用户使用 4G 网络访问互联网时的平均下载速率达到 23.01 Mbit/s，同比增长了 20.4%。知名国际机构开展 Speedtest 网络测速的结果显示，2018 年 7 月我国的移动宽带下载速率在 124 个国家和地区中排名第 37 位，进入全球前列。目前，我国的移动电话用户数、移动宽带用户数已经双双位居世界第一，中国移动、中国电信、中国联通三大基础电信企业均位列全球 500 强。

在应用领域，我国形成了全球最大的移动互联网应用市场，移动互联网月度活跃智能设备规模达 11.3 亿个，仅 2018 全年就净增近 4600 万个。全球十大互联网科技公司中，中美平分秋色。我国互联网企业正大规模走出去，将中国模式推介到全球，在国际互联网领域的影响力越来越大。

在制造领域，我国一批通信设备制造企业成长为世界级领先企业，华为高居全球通信设备制造商榜首，中兴位居全球第四；我国通信设备制造产业规模雄冠全球，移动基站、智能手机产量位居全球第一；全球前十大智能手机企业中，我国占据了 7 席……在移动通信设备制造领域，"Made in China"撕掉了低质、低价的标签，成为中国高科技产品的亮丽名片。

如今，中兴为全球 160 多个国家和地区的电信运营商和企业网客户提供创新技术支持与产品解决方案；华为为全球电信运营商 50 强中的 45 家提供服务，其产品和解决方案应用于全球 170 多个国家和地区，惠及全球 1/3 的人口……自主创新，开放合作，在全球最大的移动通信市场中，我国的通信企业在 5G 技术、标准和产业方面，直面重压，厚积薄发，探索着更好的模式，致力于提供最佳的解决方案，以全力推动世界互联互通为己任。

开放、包容、合作、共赢，我国秉承这样的理念和诚意发展 5G，在逆境中坚守，坚持打造全球化的产业生态，树立示范标杆，为全球移动通信行业发展注入强大发展动能，一如既往地为全世界信息通信文明贡献中国的力量。

尾声

仅仅是差距缩小就已让美国等西方国家"心事重重"，何况是在某些领域已经领先！我国创新力量在移动通信领域的崛起，令美国这一超级大国在信息时代倍感焦虑，美国不惜采取多种手段，意图阻止中国、阻止改变。而这恰恰说明，我国在移动通信领域的自主创新之路走得成功、走得自信！

从 1G 空白、2G 跟随，到 3G 突破、4G 同步，再到 5G 局部领先，30 多年的时间，我国的通信企业以不懈的努力和创新的精神，助力移动通信行业实现了华丽"蝶变"。

这一路，坎坷多舛，惊心动魄；这一路，风云激荡，英雄辈出！

第二章

豪华 1G，改变视野

引子

20 世纪八九十年代，我国什么最流行，什么最时尚？

没错，就是它，黝黑、粗笨、像块砖头的"大哥大"。

当时，它是身份的象征、财富的彰显。

"大哥大"为什么如此昂贵，买一台就需要当时的普通人 20 年的工资？

堪称超级奢侈品的"大哥大"又为何一机难求，哪怕彻夜排队也不容易买到？

2.1　美妙的无线电波

要说清楚"大哥大"的故事，我们首先需要了解一下什么是通信。

通信，简单来说，就是传递信息。我把我的信息发给你，你把你的信息发给我，这就是通信。

从人类诞生的那一刻起，通信就是生存的基本需求之一。新生的婴儿通过哭声给自己的母亲传递饥饿的信息，索取母乳和关爱。参与围猎的部落成员通过呼吼声召唤同伴，请求支援和协助。这一切，都属于通信的范畴。

随着人类社会组织单位的不断扩充，通信的作用也越来越大。国家之间的合纵连横、亲人之间的思念关怀，都与通信息息相关。通信的手段，除了面对面交谈这种近距离的方式，还逐渐发展出烽火、旗语、击鼓、鸣金等远距离的方式。

这些方式主要通过视觉或者听觉来实现通信，要求通信双方之间是可视的，或者相互之间是可以听见的。这就极大地限制了通信的距离和范围。

随着社会的发展和生活的需要，还发展出传送文书的驿站、信鸽等通信手段，与其他通信方式配合使用。采用驿站或信鸽等方式虽然一定程度上解决了距离受限的问题，却带来了时效性差的新问题，无法在很短的时间内将信息送达。

到了 19 世纪，人类的通信方式终于迎来了重大变革。随着第二次工业革命的浪潮，人类进入了电气时代。电磁理论的发现及完善为现代通信技术的发展奠定了基础。

了解通信，你必须认识这些人

1839 年，全球首条真正投入运营的电报线路在英国出现。这条线路长约 20 km，由查尔斯·惠斯通和威廉·库克发明。

相隔不久，1840 年，美国人塞缪尔·莫尔斯研制出了可用于实际通信的、具有商业价值的电报机。此前，他还发明了一套将字母、数字进行编码以便传送的方法，也就是莫尔斯码（Morse Code）。

1876 年，亚历山大·格拉汉姆·贝尔申请了世界上第一台可用的电话机的专利，随后创建了贝尔电话公司（AT&T 公司的前身）。

1897 年，意大利无线电工程师伽利尔摩·马可尼在伦敦成立了马可尼无线电报公司。1899 年，马可尼发送的无线电信号成功穿越了英吉利海峡，1901 年又成功穿越了大西洋，从英国的伦敦传到加拿大的纽芬兰。1909 年，在无线电报领域取得的巨大成就让马可尼与布劳恩共同获得了诺贝尔物理学奖，马可尼由此享有"无线电之父"的美誉。

从此，人类开启了用电磁波进

贝尔正在试用电话

马可尼进行无线电试验

行通信的近现代通信时代。通信的距离限制被不断突破。与此同时，长距离通信的时延也在不断降低。

虽然通信技术在迅速发展和普及，但当时的人们还面临一个很重要的理论瓶颈，那就是——**究竟什么是信息？信息的量到底该如何量化？**

在我们普通人看来，"信息"是一个非常普通的概念，但正因为它非常普通，所以解释起来非常困难。《现代汉语词典》中，"信息"的解释是这样的："信息论中指用符号传送的报道，报道的内容是接收符号者预先不知道的。"这显然非常抽象，单从定义上看，无法对其进行量化。

如果不能量化，我们设计信息系统或通信系统时就无从下手。

这里就要隆重介绍一下信息通信业的"祖师爷"、信息论的鼻祖——克劳德·香农先生。

1948 年，是一个值得被人类记住的年份。这一年，香农先生发表了一篇影响极为深远的论文——《通信的数学理论》（*A Mathematical Theory of Communication*）。在这篇论文中，香农提出，信息和长度、质量这些物理属性一样，是可以测量和规范的。他还发明了一个全新的单词——bit（比特），作为衡量信息量的单位。如今，这个度量单位已经众所周知。

同时，他将热力学中"熵"的概念引入信息论，用以定量地衡量信息的大小。香农认为，人们获得的任何信息都存在一定的冗余，去掉这些冗余之后的平均信息量，就是信息熵。

克劳德·香农（1916—2001）

　　该如何理解呢？简单来说，随机事件发生的概率越小，一旦该事件发生，它提供的信息量就越大。举个例子，如果我告诉你，"地球是圆的"，这句话的信息量就是 0。简而言之，我所说的是众所周知的。如果我告诉你，"你家门口那棵老槐树底下埋了 1 亿元现金"，而且这是真的，那么这个信息量显然就很大了。

　　除了信息熵外，香农还给出了伟大的香农定理，明确指出了影响信道容量的相关条件，见如下香农公式。

$$C = W \log_2\left(1 + \frac{S}{N}\right)$$

其中，C 代表信道容量；W 代表信道的带宽；S/N 代表信号的平均功率和噪声的平均功率之比，即信噪比。

　　香农的一系列贡献为通信技术的高速发展奠定了理论基础，也为通信技术的发展指明了方向。70 多年来，在香农定理的指引下，通信工程师们一直都在试图突破通信系统的极限。

　　说到信道和通信系统，让我们先来简单了解一下它们。

　　任何通信过程都可以看成一个通信系统作用的结果。任何一个通信系统都包括以下 3 个要素：信源、信道和信宿。例如下课时，校工打铃，在这个系统中，校工就是信源，空气就是信道，而老师和同学们就是信宿。那铃声是什么呢？铃声就是信道上的信号。这个信号带有信息，信息告诉信宿——该下课了。更具体一点，电铃就是发送设备，老师和同学们的耳朵就是接收设备。

通信系统的 3 个要素

通信系统的工作过程

通信技术的发展过程，其实就是研究如何在更短时间内传输更大信息量的过程。为了达到这个目的，信源需要不断升级自己的发送设备，信宿需要不断升级自己的接收设备，而信道的介质也需要不断进行升级。

在有线电报时代，莫尔斯码通过电流脉冲的长短组合来发送符号，比如字母 a，就是"● —"，一个点信号，一个长信号。发送一个完整的单词需要几秒甚至十几秒的时间。显然，这种速度是我们无法接受的，既费时又费力。

▶ 趣闻

隐藏在校园里的神秘"暗号"

莫尔斯码由两种基本信号和不同的间隔时间组成：短促的点信号"●"，读"嘀"（Di）；保持一定时间的长信号"—"，读"嗒"（Da）。用不同排列顺序的"嘀"和"嗒"来表示不同的英文字母、数字和标点符号等。莫尔斯码的编码规则简单清晰，在早期无线电通信中的影响举足轻重。电影《风声》中，顾晓梦就是采用在衣服上缝出莫尔斯码的方式，将消息传播出去的。

如果你有机会造访北京邮电大学，在学校西门处毛主席像和校训石的正前方会发现一组神秘的"暗号"。看下面这张图上，几块黑色的地砖呈长条和点状，不规则地分布在浅色的地砖上。乍一看，好像没什么特别的，但无线电发烧友估计会发现一些端倪。没错，这是一组莫尔斯码。

北京邮电大学校训地砖（夏一凡／摄）

从校训石往西门看，第一个是嘀嘀嘀嘀（H）；第二个是嗒嗒嗒（O）；第三个是嘀嘀嗒（U）；再往下看，一串莫尔斯码就出来了。答案就是：HOUDE BOXUE JINGYE LEQUN，正是北京邮电大学的校训"厚德博学　敬业乐群"。（后来校训中的"乐群"读音改为古音"yào qún"，但此处的莫尔斯码却按照原来的读音保留了下来。）

1888 年，德国人海因里希·鲁道夫·赫兹用实验证明了电磁波的存在，从此打开了通往无线电通信世界的一扇窗户。如前文所述，后来伽利尔摩·马可尼实现了人类历史上首次无线电通信，真正打开了无线电通信世界的大门。人们开始用"（电磁）波"来承载信息。

能不能把"线"扔掉？

自有线电报和有线电话被发明之日起，人们就开始感受到它们带来的远距离通信的便利。渐渐地，人们又开始思考新的问题——是不是可以把"线"扔掉，实现"无线"通信呢？

有线通信和无线通信所谓的"线"其实就是信道。信道有很多种介质，电缆、光缆这类属于有线介质，而空气则属于无线介质。

不管是有线还是无线，传输的都是电磁波——在有线电缆中，电磁波是以导行波的方式传播；而在空气（或真空）中，电磁波是以空间波的方式传播。

无线通信系统包括多种类型，例如广播通信、无线对讲通信、手机通信、Wi-Fi通信、卫星通信以及微波通信等。

手机通信系统，也就是我们常说的移动通信系统，是最为典型的无线通信系统。它也叫蜂窝通信系统，因为手机的通信依赖于基站，而基站小区的覆盖区看上去有点像蜂窝。

基站小区覆盖区示意图

世界上第一部真正意义上的手机诞生于 20 世纪 70 年代。1973 年 4 月的一天，一名男子站在纽约街头，掏出一个约有两块砖头那么大的设备，并对着它说话。这名男子兴奋得手舞足蹈，引得路人纷纷注视。他，就是手机的发明者，摩托罗拉公司的工程师马丁·库帕。

马丁·库帕和他的手机（来源：搜狐网）

手机的发明，意味着移动通信时代的开启。也就是说，1G 时代来了！

2.2 一切从零开始

当全球无线通信技术飞速发展，将"移动着通信"的梦想接入现实之时，我国的移动通信，甚至整个通信行业，尚处于一穷二白的状态。

黑乎乎的"摇把子"电话，楼下小卖部里时不时响起的老大爷叫接电话的声音，长途电话局里等候长途叫号一站就是几小时的经历……曾经，"楼上楼下，电灯电话"是人们对美好生活的向往。小小的电话，承载了多少人或浪漫、或无奈、或温馨的时代记忆。

伴随着改革开放的春风，封闭多年的国门对外敞开，人们急切渴望了解外面的世界，也急切期盼外面的世界了解中国。然而，落后的通信成了横亘于改革开放路上的绊脚石。

"令人窒息的瓶颈！"提起改革开放之初的通信状况，老一辈通信人的心情分外沉重。

1979 年，广东深圳蛇口，改革开放的第一声春雷在这里响起，外商接踵而至，外资滚滚而来。然而，当外商发现这里的电话没得打、打不通时，他们犹疑了，甚至来谈生意时不敢在深圳过夜，就怕电话打不通，掌握不了股市行情。就这样，一些几百万元的投资项目流失了。当时，深圳全市只有 500 门电话、20 条长途电话线路，怎么可能够用？

对通信需求迫切的，又何止深圳？时任广东省邮电管理局局长的李清万曾讲过一个故事。一次，他去外地出差，在火车上听到乘客议论："电话一天到晚打不通，应该把那个邮电局局长拉出来枪毙了，审都不用审。"老局长的心像针扎一样疼，但他理解群众的抱怨，他比谁都着急。改革开放进行得如火如荼，通信需求日益高涨，此时必须大力建设通信网络，破解发展瓶颈。但建网就需要钱，钱在哪里？

没钱！广东省没钱，邮电部没钱，国务院也没钱！

历史资料显示，1949 年至改革开放初期的 30 年间，我国对邮电通信行业的全部投资不到 60 亿元，最少的年份甚至只有 2000 万元。这样的投资只能维持最基本的简单再生产。

1978 年，我国电话普及率仅为 0.38 部 / 百人，比一些非洲国家的电话普及率还低；电话机总数约 360 万部，不足世界平均水平的 1/10。1980 年，我国拥有的电话机数仅相当于美国 1905 年、英国 1947 年、日本 1958 年的水平。移动通信这种当时全球公认的"奢侈通信"，对于我国来说更是天方夜谭。长期"欠账"的累积，导致改革开放初期通信能力与民众需求之间的矛盾集中爆发。

怎么办？国家能不能给邮电通信行业增加点儿投资？可当时国家百业待兴，哪里都需要钱。国务院主要领导明确提出：增加投资，没有！可以给政策，给优惠。

在国务院的支持下，经邮电部及相关部委反复研究，"三个倒一九""四个一起上""收取市话初装费、附加费"等政策先后出台。1980年6月20日，邮电部、财政部和国家物价总局征得国家计划委员会（简称国家计委）、国家经济贸易委员会（简称国家经委）同意，发布《邮电部、财政部、国家物价总局关于对市内电话新装用户收取初装费的联合通知》。政策文件明确要求，电话初装费作为一项政策性基金，主要用于通信网络建设，专款专用，不可任意挪用。

"1994年，我家花了4800元装了一部固定电话，全家人新鲜得不行，跟过去不常见的亲戚、朋友都联络上了。"在油田工作的罗丽娟回忆起当时家里装上电话的情形，还很兴奋。那会儿，她家成了整栋楼的"信息中心"。

随着建设资金问题的缓解，通信网络建设快速铺开，和罗丽娟一样能用上电话的人也越来越多。2000年，我国电话用户数已由1979年的200余万户增长到2.29亿户，电话普及率也增长到20.1部/百人。

一位著名经济学家分析说，从本质上看，电话初装费属于一种税费，它对富人和电信服务成本较低的地区（如城市）的用户来说是一种税负，用于补贴穷人和电信服务成本较高的地区（如农村）的未来用户，"可以说，改革开放后我国邮电通信大发展，电话初装费功不可没，这些费用在一定程度上起到了促进电信普遍服务的作用"。

电话初装费不仅促进了通信网络建设，还每年被抽取 3% 作为水利建设资金，被抽取 5% 作为移动通信设备的发展基金。

在各方政策的支持下，加之邮电部大胆创新，采用"负债经营、借贷建网"的资金运作新模式，被视为"奢侈品"的移动通信开始走向台前。

2.3 铃声一响，黄金万两

1984 年，我国改革开放的总设计师邓小平在视察深圳后明确提出："中国发展经济、搞现代化，要从交通、通信入手，这是经济发展的起点。"

正如这位高瞻远瞩的老人所言，通信瓶颈的突破、移动通信的发展，迅速成为改革开放的加速器，改变了国人的视野，改变了发展的格局，改变了增长的态势。可谓"铃声一响，黄金万两"。

1987，我国迎来移动通信元年

1978 年，我国改革开放刚刚拉开帷幕之时，美国在芝加哥开通了全球第一个移动通信系统，次年日本建成了全球第一个蜂窝移动通信网络。移动通信的出现也引起了正在改革开放中奋起直追的中国的关注。

早在 20 世纪 70 年代中期，邮电部就指派电信传输研究所搜集相关信息，密切关注世界移动通信的发展。1978 年，邮电部从意大利引进了车载移动通信系统，在北京完成了我国历史上第一次移动通信试验。4 年后，1982 年 7 月 1 日，邮电部电信传输研究所和邮电部第一研究所研发的我国第一套移动通信设备——150 MHz 公用模拟移动通信交换系统，在上海面向社会投放使用。

1982 年 7 月 1 日，我国第一套移动通信设备（150 MHz）上市，机房设在七重天大楼顶层。
图为由电话机、天线和收发信设备 3 部分组成的移动电话，它只能放在车上或船上使用

　　随着改革开放的深入推进，商品经济在我国各地迅速发展起来。商品市场的确立、生产社会化程度的提高，使得跨部门、跨行业、跨地区甚至跨国界的经济交往与合作越来越多，这些都需要高质量的信息沟通保证。

　　然而，当许多外商来到改革开放的前沿阵地——广东投资时，却因为没有移动通信网络，手中的"大哥大"只能处于闲置状态，沟通不畅，发展受制，"三来一补"（来料加工、来样加工、来件装配和补偿贸易）等外向型企业的通信需求分外迫切。

　　1985 年，邮电部决定着手制定我国移动通信网络的技术体制。这意味着我国准备上马移动通信。

　　这一任务交给了电信传输研究所，主要由卢尔瑞（后任广东省移动通信局局长）、李默芳（后任邮电部移动通信局总工程师，中国移动通信集团

公司党组成员、总工程师）、赵厚麟（后任国际电信联盟秘书长）等带领团队负责。

"其实，20 世纪 70 年代末 80 年代初，日本、欧洲已经启动了蜂窝移动通信系统的研究工作。但当时最热门的是微波、卫星，移动通信不被大家看好，我们有好几年几乎无事可做。"李默芳回忆道。她和同事们时常幻想：什么时候我国能建一个移动通信系统呢？当时，大家都认为这种想法的实现遥不可及。为什么？当时国外在移动通信发展初期，主要业务方向是汽车电话，是典型的富人通信。当时的全球主流观点认为，人均收入达到 1 万元以上的国家才有可能发展移动通信。而当时我国的人均收入远远低于这个标准。

改革开放、经济发展的巨大需求改变了人们的预期与判断。

制定移动通信网络技术体制是一项开拓性的工作，几乎没有经验可以借鉴，一切从零起步。李默芳和同事们历经艰辛，成功完成了任务。这部统一的技术体制成为我国第一代移动通信（模拟蜂窝）网络建设的指导性文件，为移动通信网络的大发展奠定了坚实的技术基础。

为了适应改革开放的需要，促进沿海地区的发展，考虑到珠江三角洲毗邻香港地区，同时又是沿海区域，邮电部审时度势，决定以第六届全国运动会为契机，将珠江三角洲蜂窝移动电话一期工程作为重点突破口，开始建设移动通信网络。

1987 年是我国移动通信史上划时代的一年。

这一年的 11 月 18 日，广东省珠江三角洲移动电话网首期工程完成，这意味着我国内地第一个大容量蜂窝公用移动通信系统正式开通。11 月 20 日，在第六届全国运动会的开幕式上，广东省省长叶选平接通了 900 MHz

蜂窝移动电话。从此，我国进入了移动通信规模化商用的新阶段。

时任广州电信局无线分局局长的冯柏堂参与并见证了我国第一批移动通信基站的建设。"当时我们是第一批人，都是自己搞设计、安装，一有人说电话打不通就要奔去维修。"那时候，无线分局的办公条件很简陋，现在根本无法想象。"我们在东较场的电报大楼楼顶搭了个铁皮屋办公，就那样干了10年。"就是在这样简陋的条件下，他们建成了广州模拟网的1个交换局和3个基站，成功开通了全国第一个蜂窝移动通信网络，开通了中国第一台手机。

徐峰使用"大哥大"

南海渔村集团董事长徐峰是中国第一位手机用户。1987年11月21日，他在广州办理手机入户手续，号码为901088。

徐峰回忆道："当时邮电局的人还不知道这手机应该卖多少钱，他们让我押了一张2万元的支票，先把手机拿走。"那是一台NEC模拟手机，拨打电话需要拉出天线。当时周围的人对他手上拿着的"砖头"非常好奇。徐峰为这台手机花了近2万元，这一价格在当年相当于一部丰田牌农夫车的价格。"当时一共100部手机，100个号码，所有的号码都是手写抄在一张纸上，号码一共6位，前面4位是9010。"因为是第一个用户，徐峰可以挑选号码，他一眼就相中了"901088"这个号码。当时的他并没有想到，这个号码一直伴随了他14年。直到现在，这部模拟手机仍然珍藏在他的家中。

移动通信网络在广东的开通和发展，服务了急需的用户，满足了外向型企业紧迫的通信需求，并由此使一批合资企业如雨后春笋般在我国沿海地区落地扎根。随后，上海、重庆、北京、辽宁等省市先后开通了模拟移动通信网络，移动通信开始逐步走进国人的生活。

徐峰的移动电话安装申请表

当时，邮电部规划所预测，到 2000 年时，我国的移动电话用户可以达到 80 万户。连移动通信行业的专家都觉得不可置信，怎么可能会有那么多用户，不可能的，绝不可能。

事实再一次超出了想象。

1991 年我国移动电话用户数仅有 4.75 万户，1992 年达到 17.69 万户，1993 年达到 63.82 万户，年增长率分别达到惊人的 272% 和 261%，1999 年，移动电话用户数达到 4330 万户，2000 年，突破 8000 万户，达到 8453 万户！

供不应求的奢侈品

第一代蜂窝移动通信手机被人们戏称为"大哥大"。为什么？因为那时只有经济实力特别强的人才买得起、用得起。

我国推向市场的第一批"大哥大"是日本的 NEC 品牌手机。当时，进口一台 NEC 手机需 1350 美元，售价大概是 12 000 元，入网费要 6000 元，话费按 0.6 元 / 分钟计，月租 150 元，总费用一般是一个月一两千元，多的高达三四千元。如此贵重的东西，如此高昂的花费，真是要日进斗金的人才能买得起、用得起。

但即便如此奢侈，第一批模拟手机还是卖得飞快，许多人必须起大早排队或者托关系，才可能买到一部砖头模样的"大哥大"。

为什么如此昂贵，还如此火爆？因为在市场经济下，人们越来越深刻地认识到，信息就是财富，就是机会。

徐峰的感受代表了大多数人的心声，一个电话很可能就是一单合同。

"本来我是打算采购一辆海鲜运货车，但当时海鲜货源基本都在 300 公里外的湛江，甚至在更远的海南，渔船一上岸，报不报价，报多少钱，必须立刻决定。因为海鲜都是讲时价的，不同时间下单的价格不同，每次下单要有一个量，但你不知道卖家会给你提供多少，也不知道价格是多少。从广州到湛江，打电报要按字来收钱，而从收电报的电报站到渔村有七八个小时的路程，所以基本上没什么用。"

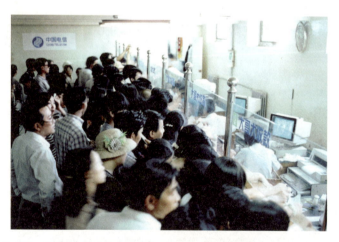

尽管价格高昂，"大哥大"还是供不应求，这是当年北京某营业厅内"大哥大"用户
等待缴费的场景（来源：北京联通）

由于每天的销售价格不同，在那个即时通信极为匮乏的年代，徐峰不能直接与卖家沟通采购价格，通信的不便给他带来了不必要的损失。所以，购买手机对徐峰来说就像投资一个项目！"必须先买手机，然后用手机提高效率赚更多的钱，就可以买更多的海鲜运货车了。"事实也确如徐峰所料。从最初创建第一家南海渔村到现在拥有 5 家高级连锁酒店，手机对于徐峰来说是一大助力工具。

"手机彻底改变了我的生活。"徐峰所从事的是餐饮业，手机让他可以很方便地同时考察东京、广州和澳大利亚各大城市不同市场的货源，全球采购可实时决定，"速度快了很多，效率也高了不少！"

2.4　无奈与妥协

"大哥大"在改革开放前沿阵地火爆的背后，我们也必须承认，我国移动通信行业的技术力量与产业化能力"令人揪心"。

1G 时代，我们对移动通信技术的掌握、理解、应用与世界先进水平还存在着巨大的差距，整个产业远远落后于发达国家几十年。移动核心技术、移动设备制造等关键要素全部掌握在爱立信、摩托罗拉、贝尔实验室等国外先进企业或机构的手中。国内移动通信行业还没有能力支撑起移动通信网络的建设，无论是成形产品还是技术储备，都无法应对扑面而来的移动通信网络建设浪潮。因此，我国最初的移动通信网络全部是依靠进口设备来建设的。

全部依赖进口，除了要付出高额的专利费和昂贵的基站设备费用外，网络的建设、布局也要受制于人，每一步的发展都分外艰难。1G 模拟网的联网工作就是例证。

第一代移动通信技术有多个标准，如美国的 AMPS、英国的 TACS、日本的 JTAGS 等。美国 AMPS 制式的移动通信系统在全球的应用最为广泛，曾在 70 多个国家和地区运营，直到 1997 年还在一些地方使用。有近 30 个国家和地区采用英国 TACS 制式的移动通信系统。这两个移动通信系统是世界上最具影响力的 1G 系统。

只有"国家标准"，没有"国际标准"，这是第一代移动通信系统的致命伤。这就意味着，这些标准都缺乏漫游规范，难以顺利实现漫游。

对于移动通信技术，漫游功能很重要，我们国家很大，全国漫游就更为重要。不能漫游，怎么办呢？

当时，我国模拟移动通信网络的制式较多，有英国的 TACS，也有美国的 AMPS 等。TACS 系统的主要供应商是爱立信，AMPS 系统的主要供应商是摩托罗拉。人们通常把用爱立信设备组建的模拟网称为 B 网，把由摩托罗拉设备组建的模拟网称为 A 网。

爱立信、摩托罗拉各有一套自己的漫游规范，但是不能互联互通。因此，邮电部要求每个省（区、市）采购一个厂家的设备，以方便用户省（区、市）内漫游，如果跨省（区、市），就只能采用"人工漫游"的方式。例如，北京的用户去广州出差，就人工配置一个广州的号码，到了广州，把新配置的号码告诉亲戚朋友，方便联系。当时，移动通信网络没有实时计费系统，各地通过交换磁带的方式进行结算，一般 3 个月后才能结算漫游费用。所以，北京的用户收到在广州产生的话费单已经是 3 个月后了。由于操作复杂、结算滞后，当时有关漫游资费的纠纷很多，人工漫游带来的问题日益突出。

1993 年，时任邮电部电信总局副局长的高惠刚把李默芳等"技术大拿"召集到一起，请大家想办法解决模拟网的自动漫游问题。其时，邮电部已经开始启动第二代数字移动通信的研究，李默芳就问高惠刚："还值当吗？"高惠刚说："我们还有几百万模拟网用户呢，得为他们考虑，不能亏待这些用户啊。"

于是，全国自动漫游在相关技术厂商不太支持的情况下启动了。"模拟网的厂商已经站稳了中国市场，对咱们做全国漫游标准不太积极。当年，通信标准的主导者都是设备制造商，而且完全被国外厂商垄断。我们要做自己的漫游标准，必须获得厂商的配合，商业谈判、技术试验的过程还是相当艰辛的。"其中一位曾参与模拟网联网的工程师回忆道。

这确实是一个历尽艰辛的过程。1996 年，我国模拟移动通信网络成功实现全国自动漫游，这是全球第一个真正把不同厂家设备连接起来的移动通信网络！从此，移动电话用户再也不用每次出省（区、市）都必须到移动营业厅办理漫游手续了，真正实现了"神州任我行"。

缺乏移动核心技术的辛酸，让我国的移动通信从业者不得不突破，不得不创新，一条以"市场换技术"的发展思路逐渐清晰，我国的移动通信行业开始与世界接轨。

1984 年，我国通信行业第一家中外合资企业——上海贝尔电话设备制造有限公司正式成立，推动了我国通信设备制造水平的提高以及相关产业的发展。1985 年，诺基亚在北京开设了在中国的第一家办事处，将先进的移动通信技术和设备带到了中国，在我国的移动通信发展中扮演了重要角色。同样是 1985 年，爱立信也在北京设立办事处。两年后的 1987 年，我国使用爱立信设备在广东广州建设了第一代模拟移动通信系统，拉开了我国移动通信行业发展的序幕。同年，摩托罗拉进入我国设立北京办事处，并于 1992 年在天津注册成立摩托罗拉（中国）电子有限公司，逐渐成为我国移动通信发展中的风云企业。这些外资企业将先进的移动通信技术带入了中国，也在这里找到了巨大的市场机遇，取得了跨越式发展。

与此同时，邮电部的相关科研单位也开始关注移动通信技术，并积极展开课题研究，虽然没有特别的产业化成果，但为我国培养了一批移动通信领域的技术骨干。20 世纪 80 年代，我们如今熟知的、叱咤全球的中兴、华为等我国本土通信设备制造商才刚刚成立，还湮没在成千上万家小企业中，默默无闻。

尾声

大河奔流，千帆竞发。

乘着改革开放的春风，我国的移动通信行业从零出发，向阳而生。无形的电波架起了我国与世界接轨的信息之桥，改革开放前沿的企业因为市场信息的畅通，产品变得更富竞争力；曾身处封闭、半封闭环境的人们因为领先理念的冲击，视野变得更为开阔；政府部门因为国际先进科学技术、管理方式的引入，思想变得更加解放，一系列创新举措潮涌四方。

尽管很弱小，尽管很单薄，但我国的移动通信行业毅然大踏步地融入了时代洪流。

第三章

全民 2G，改变观念

引子

1994 年，60 多万户！2008 年，超 6 亿户！

2G 时代，不到 15 年的时间，我国的移动电话用户数就增加了近 1000 倍！这是纵览全球都不曾出现过的发展奇迹。

移动电话是如何从奢侈品变成必需品的？中国又是如何在十余年间从移动通信"小白"成长为全球移动电话用户数最多的、手机产销量和品牌最多的国家的？

3.1　移动通信不是配角，是主角

移动通信的出现，为人们随时随地自由沟通的梦想插上了腾飞的翅膀。然而，这双"翅膀"实在太昂贵，发展初期仅仅少数人才享用得起。一部手机要两三万元，入网费数千元，一般老百姓可望而不可即。不仅如此，想要拥有一部这么昂贵的笨家伙，还很难拿到号码，往往要排队数月或者走"后门"、托关系才行。

移动通信就注定是"豪华通信"吗？让老百姓用上手机就这么难吗？

改变，从一个决策开始。

1993 年，刚刚上任的邮电部部长吴基传在全国邮电管理局长座谈会上明确提出，要以市场需求为导向，坚持高起点，保持高速度，力求高质量，实行规模经营，实现通信超常规大发展。这位具有多年部省工作经历的"老邮电"深知地方经济发展对通信的渴求。

随后，吴基传一行深入东莞、番禺、珠海、揭阳、汕头、深圳、梅州等地深入调研通信的发展情况。广东是改革开放的前沿阵地，也是我国移动通信的发源地，当时在这一个省就聚集了全国 1/5 的移动电话用户。

调研结果在当时显得十分新颖和另类：移动电话不是固定电话的补充，而是通信的重要手段之一。随着改革开放的深入，人们的经济生活日益活跃，移动电话将成为人们工作和生活中必不可少的通信工具，移动通信将成为名副其实的大众通信。

邮电部党组很快形成共识：在固定电话发展阶段，中国落伍了。现在，全球移动通信发展方兴未艾，中国不能再错失机遇，而要迎头赶上，跻身世界发展前列。要以最快的速度建成覆盖全国大中城市的移动通信网络，大幅度降低移动通信入网费，让老百姓用得上、用得起手机。

1994 年 3 月 26 日，邮电部成立移动通信局（简称移动局）。移动局的成立，标志着移动通信业务已经正式从成立之初的固定通信业务"替补队员"，跻身为我国主要的电信业务之一。

移动局第一任局长杜保良是援藏回来的"老电信"。杜局长接到上级指令后，带着十几个人，租用北京电信管理局招待所的 4 个标准间，开始了风风火火的创业路。后来，移动局租用了北京市计算机技术研究所的一层楼，办公地点从招待所搬到了北京市西城区的锦什坊街。办公楼里冬天没有暖气，冷得很，大家穿着大衣办公还要时常站起来跺跺脚；夏天有空调，但那是机房里面的"宝贝"独享的，从普通员工到处长，再到局长，全部都在办公室里挥汗如雨。

"移动电话是以个人为发展单元的，而固定电话是以家庭为发展单元的，因此，移动电话的发展一定会在不远的将来超过固定电话，你们从事的是最有希望的事业。"虽然硬件条件很差，创业初期很苦，但移动局的年轻人却对工作充满了激情和热情，吴基传部长的一番话也让他们鼓足了干劲。

那时候，邮电部对移动局的支持尽心竭力，可以说是要人给人，要钱给钱，要政策给政策。

在邮电部党组的支持下，为了加强移动通信的专业化经营与管理，各省（区、市）邮电管理局纷纷成立了省（区、市）移动局，移动通信业务逐步形成了自上而下的垂直管理模式。

那段时间，从邮电部到各省（区、市）移动局，办公室里经常是灯火通明，大家加班到很晚，谁都不愿意提早回家，恨不能通过自己的努力，立即看到移动通信在我国的蓬勃发展。

由此，依照"沿海、沿江、沿高速"的战略，一场轰轰烈烈的大规模移动通信网络建设在全国掀起，网络全覆盖的发展思路也越来越清晰。

3.2 选 GSM 还是 CDMA？

20 世纪 90 年代初期，我国各地发展移动通信的热情日益高涨，1G 建设逐渐在全国铺开，但一些模拟技术无法逾越的局限性也日渐暴露——容量小，难以提供非话业务；语音质量不高，保密性差；难以和 ISDN（Integrated Service Digital Network，综合业务数字网）互联。而且设备不能实现小型化，制式不统一，加之模拟移动通信对频率的利用率低，建设成本高，不利于移动通信的大规模普及。

而在 1994 年，2G 已经在发达国家成功商用，可有效解决模拟技术面临的尴尬问题。

只有采用新的技术，满足市场的需求，服务飞速发展的中国经济，才能实现让我国广大的普通老百姓用得起手机、打得起电话的目标。在此背景下，如果我国继续大规模发展模拟移动通信系统，一来技术落后，二来成本过高，显然不是明智之举。

因此，邮电部党组毅然决定在模拟移动电话用户基数不大的时候实施网络的升级换代，而这一对技术方向的准确判断，使我国成为全球模拟移动通信升级数字移动通信成本最低的国家之一，为我国 2G 网络的蓬勃发展奠定了坚实基础。

在全国范围内建设 2G 网络，第一步，也是非常关键的一步，就是对移动通信设备的技术标准做出选择。

当时，国外第二代数字移动通信技术已经逐渐成熟，最主要的技术标准就是欧洲的GSM（Global System for Mobile Communications，全球移动通信系统）和美国的CDMA（Code Division Multiple Access，码分多址）。此外，还有美国的DAMPS（Digital AMPS，数字AMPS）、日本的PDC（Personal Digital Cellular Telecommunication System，个人数字蜂窝通信系统）等技术标准。

然而，我国在选择GSM还是选择CDMA上，着实费了一番周折。

各有千秋，难分伯仲

GSM起源于欧洲，早在20世纪70年代初，欧洲的一些发达国家就开始着手考虑数字移动通信系统的开发了。

1982年，欧洲邮电管理委员会在欧洲电信标准组织下成立了一个"移动特别小组"，负责开发数字移动通信技术。1987年，欧洲的移动通信技术精英在挪威奥斯陆召开会议，就泛欧数字蜂窝系统的GSM规范达成一致意见。会议一结束，邮电部电信传输研究所移动通信组就拿到了相关材料，此后，我国对数字移动的研究被列入议事日程。

1991年，GSM 900 MHz数字蜂窝移动通信系统在欧洲问世，从此全球移动通信迎来2G时代。随着设备的开发和数字蜂窝通信网络的建设，GSM逐渐成为欧洲数字蜂窝移动通信系统的代名词。

GSM有一个突出的优势：具有严密的、开放的、统一标准的接口技术规范，各种接口协议明确。同时，GSM的规范原则与ISDN的规范原则一致，保证了与ISDN系统的互联。

与模拟移动通信系统相比，数字移动通信系统容量大，频谱利用率高，通信质量好，而且业务种类多，保密性高，终端小巧轻便，成本也更低。

美国在数字蜂窝移动通信研究方面的起步比欧洲晚。除制定了与欧洲类似的基于 TDMA（Time Division Multiple Access，时分多址）的 IS-54、IS-136 数字移动通信技术标准，1989 年，美国独辟蹊径，由高通公司提出了采用 CDMA 的技术方案，让全球移动通信同行眼前一亮。

CDMA 是在数字通信技术的分支——扩频通信技术的基础上发展起来的。扩频通信技术起源于第二次世界大战时期，当时采用这项技术的初衷是为了防止敌方的信号干扰，实现在战场等强电子干扰环境中的清晰通话。采用 CDMA 可以提高频谱的利用率，并且具有软容量、软切换、系统容量大、可运用分集接收等先进技术的特点，由此 CDMA 系统在移动通信领域备受青睐。

从技术角度而言，GSM 与 CDMA 各有优劣，难分伯仲。GSM 起步早，应用广泛，积累了丰富的运营经验，相对比较成熟。同时欧洲专家们充分考虑了欧洲经济一体化的发展趋势，兼顾了欧洲各国的特定需求，使 GSM 具备了从欧洲标准变为世界标准的优势。CDMA 在频谱资源的利用方面有独到之处，保密性能出众，单纯从技术的角度考虑，CDMA 优势明显。但是当时美国还没有考虑全球漫游的问题，只规划了在美国本土的漫游。而且，CDMA 当时的应用很少，运营系统也不够完善。

经过市场检验更重要

在社会各界对数字移动通信的需求越来越迫切的情况下，留给我国通信发展决策者们的时间不多了，必须尽早决断。

为此，邮电部电信总局成立了专题项目组。项目组专家们全方位考虑了技术的先进性、系统的稳定性、投入产出的经济性、功能的拓展性等诸多方面因素，反复比较 GSM 与 CDMA 的优劣。

在到欧洲的实地考察中，我国专家现场感受到了 GSM 的漫游优势以及历经 10 年建设后的完善和成熟。而在深入美国、韩国，与高通、现代、SKT 等公司交流之后，我国专家十分认可 CDMA 在技术上的先进性和在未来的成长性，但对 CDMA 设备的兼容性、稳定性充满疑虑，毕竟 CDMA 当时仅仅是美国的标准。更令专家们担心的是，CDMA 具有美国军方背景，他们很可能对我国引进 CDMA 技术设置障碍，影响我国的移动通信发展进程。此外，与 GSM 设备厂家分布于多个国家不同，当时能生产 CDMA 设备的只有美国，一旦我们选择 CDMA，很可能陷入受制于人的局面。

调研结果很快被递交给邮电部，专家们建议：将 GSM 作为我国第二代移动通信的首选技术。

出乎专家们预料的是，邮电部内部，国家科学技术委员会（简称国家科委）和国家计委等各方面，在选择 GSM 还是 CDMA 的问题上还存在较大分歧。看似简单的一个制式选择，背后还涉及很多问题。

时间不等人！邮电部决定先建一个试验网看看。

不能选大城市，万一失败，损失太大；也不能远离大城市，因为人口密集区对移动通信的需求最迫切，最好是经济发达、交通便利的中小城市。

消息传到浙江嘉兴邮电局，他们身处经济前沿，看准了未来的发展方向，主动请缨，将邮电部的 GSM "领示系统"请到了嘉兴。该系统选用阿尔卡特设备，由厂家负责安装，由邮电部专家和邮电部第一研究所负责测试试验。

万事开头难。嘉兴 GSM 网络的前期建设并不顺利，因为我们对数字移动通信系统的技术并未全面掌握，只是按照模拟移动通信系统的经验设计了覆盖区，装机试验后发现通话效果竟还不如模拟移动通信系统。问题究竟出在哪儿？GSM 系统到底行不行？经过专家们不断试验，问题被逐一解决，数字移动通信的优势不断体现，得到技术专家及体验客户的一致好评。

1993 年 9 月，嘉兴 GSM 数字移动通信网络正式向公众开放使用。那年，在嘉兴做服装生意的刘叔抛弃了自己原来用的那部笨重的"大哥大"，正式用上了方便小巧的数字手机。当地人亲切地称这种手机为"二哥二"。"虽然模拟机信号不错，但是个头实在太大，资费又太贵。"他回忆道，"我的第一个 GSM 手机的型号是爱立信 GH337，方方正正的，当时很多外地的客户还拎着一个专用的小皮包来装手机呢，而我已经可以随意地从裤袋里掏出手机了，别人都很羡慕我。"

嘉兴"领示系统"的成功试验让大家心里有了底。1994 年 5 月，面对移动通信市场的飞速发展，邮电部召开专门会议，研究上马 2G 的问题。

在科技产业领域，当技术发展到一定阶段，对于产业的兴衰而言，技术方向、道路选择往往比开荒拓土更加重要。"当技术与市场发生矛盾时，我们要服从市场。CDMA 有它的优势，但相比而言，GSM 经过了市场的检验，我们现在更需要行动！"邮电部部长吴基传一锤定音。此外，他还大胆决策，主张抛弃模拟移动通信网络使用的"端局号"，让数字移动通信网络采用独立的"网号"，由此在网络结构上为我国移动通信的快速发展奠定了基础。

又是在广东。1994 年 10 月，我国第一个省级数字移动通信网络在广东省开通。我国波澜壮阔的 2G 时代正式启航！

随即，GSM 网络开始在全国范围内大规模铺开，从南到北，由东向西，一张"神经网络"向各地延伸。

1994 年 10 月 25 日，在中国国际通信设备技术展览会上，
邮电部部长吴基传打通 GSM 电话（张松延／摄）

对第二代移动通信技术的准确判断，为我国移动通信行业日后的辉煌成就奠定了坚实的基础。截至 1995 年底，引进 GSM 技术仅仅一年时间，我国的移动电话用户数就实现了翻番，于 1997 年 10 月达到 1200 万户，位居全球第三。

从 1987 年到 1997 年，仅用 10 年时间，我国移动电话用户数就突破了 1000 万户，标志着我国移动通信行业进入规模发展阶段，成为全球移动通信普及和发展的样板。

随着 GSM 网络在全国范围内的大规模建设，我国移动通信发展进入大步跨越阶段，1998 年底用户数达 2400 余万户，原有的 10 位号码资源日益紧张。

1999 年 7 月 22 日零时，李默芳作为技术总负责人，带领王晓云等技术骨干成功完成了我国移动电话号码 10 位升 11 位的重大工程。这是我国第一次全国范围的号码统一升位，同时也是当时全球前所未有的最大规模的号码升位，我国也成为 ITU（International Telecommunication Union，国际电信联盟）成立以来第一个拥有 11 位移动电话号码的国家。非常难能可贵的是，我国移动通信号码资源增加了 10 倍，而且避免了全国号码资源的大规模调整，数千万用户的正常业务没有受到丝毫影响。

▶ 小知识

国际电信联盟

国际电信联盟成立于 1865 年 5 月 17 日，1947 年成为联合国的专门机构，是联合国机构中历史最长的一个国际组织，简称"国际电联""电联"或"ITU"。

ITU 主管 ICT（Information and Communication Technology，信息通信技术）事务，负责分配和管理全球无线电频谱和卫星轨道资源，制定全球电信标准，向发展中国家提供电信援助，促进全球电信发展。

ITU 总部设于瑞士日内瓦，目前成员包括 193 个成员国以及 800 多家私营部门和学术机构。该机构的成员队伍体现了全球 ICT 行业的构成状况，其中既有世界上最大的供应商、制造商和电信运营商，也有采用新型与新兴技术的小型创新成员 / 中小型企业以及主要的研发机构和学术机构。

ITU 将每年的 5 月 17 日定为世界电信和信息社会日。届时，全球信息通信业都会举办各种活动进行庆祝。

2014 年 10 月 23 日，赵厚麟当选 ITU 秘书长，成为 ITU 150 年历史上首位中国籍秘书长。2018 年 11 月 1 日，赵厚麟又成功连任 ITU 秘书长。新一任秘书长任期于 2019 年 1 月 1 日正式开始，为期 4 年。

3.3 改革！分家！打破垄断！

移动通信的快速发展改变了信息的传递方式，更改变了人们的思维方式。正是在 2G 时代，我国的通信行业启动了一系列开创性的改革举措。

联通成立，政企分开，信息产业部成立，邮电分家，拆分电信，第二次电信重组，工业和信息化部成立，第三次电信重组……波澜壮阔的破冰之举开创了崭新的竞争格局，激活了整个移动通信市场。从 1999 年到 2006 年，我国移动通信行业的发展突飞猛进，年增长率低则百分之几十，高则百分之百，令全球同行惊叹。

打破垄断，成立联通

顺应改革开放大势，我国通信行业持续高速增长，短时间内就从制约国民经济发展的瓶颈成长为带动国民经济增长的支柱。通信行业成为全国发展最快、综合效益最好的行业之一，走出了一条"在发展中改革，在改革中发展"的道路。

与世界上大多数国家一样，在建设国家基础通信网络初期，我国也实行了政企合一体制，由政府集中力量建设全国统一的通信网络，并取得了斐然成绩。但是，随着 ICT 的飞速发展，原来的垄断体制已经不能适应我国通信行业进一步发展的要求，必须改革，引入竞争。

1992 年底，机械电子工业部（简称机电部）、能源部和铁道部联合向国务院提出了组建联合通信公司的请示报告，希望拿到我国第二个基础电信业务特许经营权。

1993 年 4 月，当时分管邮电的国务院副总理邹家华找到邮电部部长吴基传和电子工业部（原机电部，简称电子部）部长胡启立，交办关于成立联合通信公司之事，要求邮电部予以支持。

1993 年 9 月 19 日，国务院副总理朱镕基听取了电子部关于组建联合通信公司的汇报，建议相关部门在协商的基础上，"成立股份集团，促成此事"。

1993 年 12 月 14 日，国务院印发《国务院关于同意组建中国联合通信有限公司的批复》，同意电子部、电力工业部（原能源部）、铁道部共同组建中国联合通信有限公司（简称中国联通）。中国联通按有限责任公司形式组建，接受邮电部的行业管理。

1994 年 4 月 14 日，邮电部做出批复，明确中国联通可经营长话业务、市话业务、无线通信业务和增值电信业务。同年 6 月 18 日，中国联通在国家工商行政管理局注册成立，注册资本 10 亿元人民币。

1994 年 7 月 19 日，中国联通成立大会在北京钓鱼台国宾馆召开，邹家华副总理出席大会并作重要讲话，电子部部长胡启立代表电子部、电力部、铁道部到会致贺，邮电部部长吴基传到会致贺。

这是在我国通信行业乃至国内垄断行业中打破垄断、引入竞争的首例。

作为电信体制改革的尝试，我国在基础电信领域第一次引入了竞争机制。这为电信市场增添了新的活力，让老百姓有了新的选择，同时也在客观上促进了电信市场经营观念的转变，加快了邮电部门的市场化进程。

中国联通刚成立时被寄予厚望。但是，由于各种因素的制约，特别是建设资金的严重缺乏、融资方式的不规范以及管理人员和技术骨干的匮乏，中国联通并没有如人所愿地快速发展起来，没有成长为国务院领导所期望的"旗鼓相当、各具特色"的市场竞争主体之一。经过 4 年的发展，截至 1998 年底，中国联通净资产只有 23 亿元，资产负债率却高达 87%；苦心经营的移动电话业务仅占移动通信市场份额的 7%，而数据、长话等业务基本没有开展起来。

《人民邮电》报刊载的中国联通成立的新闻

为深化电信体制改革，我国采取一系列措施，不断加大对中国联通发展的扶持力度。在国家一系列人力、财力的相关政策扶持下，曾经严重"贫血"的中国联通"元气"大增。此后，通过果断清理"中中外"项目和适时重组上市，中国联通从一个资产结构和管理比较松散的公司，迅速整合为一个按照现代企业制度和国际规范治理的大型通信企业，逐渐发展壮大。中国联通的高速发展和参与竞争，有力地促进了通信行业服务质量和经营水平的提升，并带动了民族通信设备制造业的兴盛。引入竞争，还使得电信资费不断降低，电信服务水平明显好转，给老百姓带来了实实在在的实惠。

信息产业部成立

为适应市场经济深入发展和引入竞争的新形势，邮电部加快了政企职责分开的步伐。

1995 年 4 月，邮电部电信总局以"中国邮电电信总局"（简称中国电信）的名义在国家工商行政管理局进行企业法人登记。

1996 年，邮政总局和电信总局同时搬出邮电部机关大院，迈开了独立运行的步伐。中国邮电电信总局开始作为一个单独核算的企业在市场上运行，邮电部政企职责进一步分开。

1998 年 3 月 6 日上午，在第九届全国人民代表大会第一次会议上，国务院的改革方案决定，在邮电部、电子部的基础上组建信息产业部，作为主管全国电子信息设备制造业、通信业和软件业，推进国民经济和社会生活信息化的国务院组成部门。3 月 18 日，根据新任国务院总理朱镕基的提名，第九届全国人民代表大会第一次会议表决通过原邮电部部长吴基传为信息产业部部长。3 月 31 日下午 3 点半，中华人民共和国信息产业部正式揭牌。

1998 年规模空前的国务院机构改革，将原有的 9 个专业经济部委都撤销了，却把邮电部、电子部重组成推动信息产业发展和信息化建设的国务院组成部门，表明了国家对面向 21 世纪发展信息产业的高度重视。国务院要求信息产业部按照"政企分开、转变职能、破除垄断、保护竞争与权责一致的原则"，大力推进体制改革。

拆分中国电信，中国移动诞生

信息产业部成立后，如何进一步实现政企分开是部党组面临的一个最紧迫的课题。

1998 年 4 月 28 日，国家邮政局挂牌成立，统一经营管理全国的邮政业务。1999 年 1 月 1 日，全国所有省（区、市）的邮政业务和电信业务完成分营。

与此同时，中国邮电电信总局的改革重组被提上日程。到 1998 年底，中国邮电电信总局拥有世界第二大通信网络，固定资产超过 6000 亿元，年业务收入超过 2000 亿元。

"将中国邮电电信总局的无线寻呼和卫星通信业务剥离出去，分别组建中国寻呼通信集团公司和中国卫星通信集团公司，其余部分改组为中国电信集团公司。"这是信息产业部提交给国务院的方案。

"移动通信也要剥离出去，组建移动通信公司，与中国联通形成竞争。"时任国务院总理的朱镕基肯定了重组方案在政企分开、鼓励竞争等方面的进步，并要求力度再大一些。

1999 年 2 月 14 日，中国邮电电信总局重组方案敲定：将原中国电信的移动通信、无线寻呼和卫星通信网络与业务分离出去，分别组建中国移动通信集团公司（简称中国移动）、中国寻呼通信集团公司（后改名国信寻呼有限责任公司，并于 1999 年 5 月并入中国联通）和中国卫星通信集团公司（后于 2009 年并入中国航天科技集团有限公司）。

1999 年 6 月 2 日，信息产业部批复成立中国移动通信集团公司筹备组及临时党组，开始筹建中国移动通信集团公司；7 月底，全国移动通信资产和人员的整体剥离工作基本完成，中国移动通信集团公司开始独立运作。

　　1999年12月和2000年1月、6月，国务院分别批复了中国移动通信集团公司、中国电信集团公司和中国卫星通信集团公司的组建方案。

　　经过紧锣密鼓的筹备，2000年5月16日，中国移动通信集团公司挂牌，由原中国邮电电信总局局长张立贵担任总经理；5月17日，中国电信集团公司挂牌，由信息产业部原副部长周德强担任总经理；2001年12月19日，中国卫星通信集团公司正式挂牌，由原中国通信广播卫星公司总经理周泽和担任总经理。

　　由此，我国电信体制改革实现了重大突破，为通信行业的跨越式发展奠定了坚实的体制、机制基础。

2000年4月20日，中国电信集团公司、中国移动通信集团公司正式成立，
这是次日《人民邮电》报的头版报道

"七雄"逐鹿

我国电信体制改革继续向深水区挺进。

1999 年 4 月 9 日，中国科学院、国家广播电影电视总局广播影视信息网络中心、铁道部中铁通信中心、上海联合投资有限公司联合成立了中国网络通信有限公司（简称小网通），主要从事高速互联网络示范工程的建设和运营工作。8 月 6 日，中国网络通信有限公司获得国家工商行政管理局颁发的营业执照，开始正式运营。10 月 22 日，网通 BVI 在香港设立网通红筹公司。上述 4 家股东以其各自在网通运营公司的股权作为出资，成立了中国网络通信（控股）有限公司，该公司将其持有的网通运营公司的全部股权通过网通 BVI 转让至网通红筹公司。

2001 年 3 月 1 日，脱胎于铁道部的铁道通信信息有限公司挂牌，其主要职能是为铁路系统提供通信服务，除此之外，还可以利用富余能力向社会提供延伸服务。2004 年 1 月 20 日，经国务院批准，铁道通信信息有限公司由铁道部移交国有资产管理委员会管理，并更名为中国铁通集团有限公司（简称中国铁通，2008 年并入中国移动），开始跻身国内六大基础电信企业的行列。

1999 年 4 月，信息产业部宣布批准中国电信、中国联通、中国吉通网络通讯有限公司（简称吉通）三家公司进行 IP 电话业务试验。2000 年 3 月 24 日，信息产业部为包括吉通公司在内的 4 家通信企业颁发了 IP 电话业务经营许可证，这意味着吉通公司进入基础电信业务经营者的行列。

到 2001 年底，我国经营全国性基础电信业务的企业已有中国电信、中国移动、中国联通、中国卫通、小网通、中国铁通、吉通 7 家，经营电信增值业务的企业超过 4000 家。

通过这轮电信体制改革，我国的电信市场初步形成了不同规模、不同业务、不同所有制的企业相互竞争、共同发展的多元化格局。

第二次电信重组，形成"4+2"格局

为了在固网领域进一步形成有效的市场竞争格局，第二次电信重组很快到来。

2001 年 11 月，国务院下发《国务院关于印发电信体制改革方案的通知》，决定将原中国电信所属南方和西部 21 个省（区、市）的固网资产留在中国电信，形成新的中国电信集团公司；将原中国电信所属北方 10 个省（区、市）的固网资产与网通、吉通公司合并，重组为中国网络通信集团公司（简称中国网通）。2002 年 5 月 16 日，新的中国电信集团公司和新的中国网络通信集团公司在北京举行成立大会，吴基传部长代表信息产业部出席大会表示祝贺，新中国电信总经理周德强、新中国网通总经理奚国华出席成立大会并讲话。

中国电信、中国网通成立（张松延 / 摄）

至此，第二轮电信重组宣告完成，我国电信市场形成了两大固网运营商——中国电信和中国网通，两大移动运营商——中国移动和中国联通，再加上中国卫通和中国铁通，"4+2"竞争格局逐渐明朗。

相比国外同行，我国通信行业这些年的改革力度可谓空前。

工业和信息化部成立

时间进入 2008 年，新一轮"大部制"改革拉开帷幕。

2008 年 3 月 11 日，国务院正式公布机构改革方案。中央将国家发展和改革委员会（简称国家发展改革委）的工业管理有关职责、国防科学技术工业委员会（简称国防科工委）除核电管理以外的职责，以及信息产业部和国务院信息化工作办公室（简称国务院信息办）的职责加以整合，一并划入工业和信息化部（简称工信部）。另外组建国家国防科技工业局（简称国防科工局），由工信部管理。此外，国家烟草专卖局改由工信部管理，不再保留国防科工委、信息产业部和国务院信息办。

其时，我国正处于工业化加速发展的重要阶段。走新型工业化道路，推进信息化和工业化融合，推进高新技术与传统工业改造结合，促进工业由大变强，是那个时期的重要任务。组建工信部的目的就是要加快走新型工业化道路的步伐。

此前，我国工业行业管理由国家发展改革委、国防科工委、信息产业部分别负责，管理分散，不利于工业的协调发展。为加强整体规划和统筹协调，有必要对相关职责进行整合，组建工信部。

2008 年 6 月 29 日上午 9 时 45 分，两名武警战士取下北京西长安街13 号院墙外悬挂的"中华人民共和国信息产业部"木牌，6 名武警战士随即将蒙有红绸的木牌挂在同一位置上。10 时，伴随北京电报大楼洪亮的"东方红"钟声，一名武警战士将蒙在木牌上的红绸揭下，中华人民共和国工业和信息化部正式揭牌。

2008 年 6 月 29 日，工业和信息化部揭牌（张松延／摄）

第三次电信重组，"六合三"备战 3G

工信部成立后不久，第三次电信重组启动了。

2008 年 5 月 24 日，工信部、国家发展改革委和财政部联合发布《关于深化电信体制改革的通告》，该通告指出，基于通信行业现状，为实现改革目标，鼓励中国电信收购中国联通 CDMA 网络（包括资产和用户），中国联通与中国网通合并，中国卫通的基础电信业务并入中国电信，中国铁通并入中国移动。

这次重组完成后，我国形成了 3 家势均力敌的全业务运营商，"六合三"格局由此确立，电信市场竞争进入了新的更高的层次。

回顾历史，我国通信行业从完全垄断到引入竞争，从政企合一到政企分开，从两个竞争主体到多个竞争主体，走过了一条"在发展中改革，在改革中发展"的道路。1994 年，以中国联通的成立为标志，通信行业打破垄断，引入竞争。1998 年后，进一步加大改革力度，实现了政企分开、邮电分设，重组了中国电信和中国联通，正式成立了中国移动。2001 年，以打破固定电信领域的垄断为重点，决定实施企业、资源、业务和市场重组。2002 年，成立了新的中国电信和新的中国网通，形成了中国电信、中国网通、中国移动、中国联通、中国卫通、中国铁通 6 家基础电信企业竞争的格局。

2001 年到 2007 年，全国电信业务收入从 3719 亿元增至 7280 亿元，用户数从 3.26 亿户增至 9.13 亿户（其中移动电话用户数为 5.47 亿户），年均增长约 1 亿户。固定、移动电话用户总数双双跃居世界第一，市场竞争更加充分，资费大幅降低，服务水平显著提高，改革发展进入新阶段。

但是，随着全球范围内移动通信的迅速发展，电信市场竞争日益加剧，通信行业发展面临着新的机遇和挑战。我国通信行业在竞争架构、资源配置和发展趋势等方面出现了一些新情况、新问题，特别是移动业务用户数快速增长，固话业务用户数增长缓慢、经济效益低的问题日益突出，企业发展的差距逐步扩大，竞争架构严重失衡。

为了形成相对均衡的电信市场竞争格局，增强自主创新能力，提升通信企业的竞争能力，国家决定充分利用现有 3 张覆盖全国的 2G 网络和固网资产，深化电信体制改革，并将改革与第三代移动通信（3G）牌照的发放紧密结合。

国家对移动通信行业的顶层设计，目标十分明确：发放 3 张 3G 牌照，支持形成 3 家拥有全国性网络资源、实力与规模相对接近、具有全业务经营能力和较强竞争力的市场竞争主体，电信资源配置进一步优化，竞争架构得到完善；自主创新成果规模应用，后续技术不断发展，自主创新能力显著提升；通信行业服务能力和水平进一步提高，监管体系继续强化，广大人民群众充分享受通信行业改革发展的成果。

大竞争促大发展

在 2G 时代，我国移动通信行业市场主体展开了激烈的市场竞争。各通信企业比建设速度、比规模扩张、比价格优势、比服务质量，大力促进了业务的快速发展，移动通信资费也一路走低。2000 年，"移动梦网"等商业模式的创新探索，为短信这一看似简单的移动通信业务注入了强大生命力，不仅催生了现象级的"拇指一族"，而且拯救了在 21 世纪初互联网泡沫中痛苦挣扎的中国互联网企业，帮助新浪、搜狐、网易等中国第一代互联网创业企业走出了寒冬。

同时，我国电信运营商的品牌意识、市场能力快速提升，其中以中国移动的"全球通""神州行""动感地带"较具代表性。这三大品牌分别瞄准成功人士、普通大众和年轻一族。不同的品牌，不同的价格，不同的业务，不一样的感受，成为一代人的记忆。以此为发端，此后的 3G、4G 时代，中国联通的"沃"、中国移动的"和"、中国电信的"天翼"三大品牌展开了更为精彩的"商战"。

经过脱胎换骨的转制和市场竞争的历练，我国通信企业开始在世界电信舞台崭露头角，规模实力和竞争实力大增。中国移动、中国电信先后被列入《财富》世界 500 强，中国移动、中国电信、中国联通进入《福布斯》世界 500 强榜单。其中，2006 年 8 月 10 日，中国移动总市值达到 1325.8 亿美元，超过沃达丰，成为全球通信行业上市公司的市值冠军。

我国的通信企业以骄人的成绩，开始迈入世界通信企业前列。

3.4 "巨大中华" 崭露头角

在 2G 时代，我国的移动通信跨入高速发展阶段，但当时的移动通信设备的市场份额几乎都掌握在少数外资企业手中。我们的移动通信技术还落后于发达国家几十年，如何能尽快赶上？大胆地走引进、消化、吸收、创新相结合之路，在引进设备时同步引进生产技术，这才使我国的移动通信技术跨越了国外的传统发展阶段，最终实现了与世界先进技术的同步。

"三步走" 战略

在认真剖析自身技术水平与发展趋势的基础上，我国制定了移动通信发展的"三步走"战略。

第一步，在没有自己的数字蜂窝移动通信设备以前，先买别人的设备，建设自己的移动通信网络，但不能永远停留在这个层次。

第二步，组织生产自己的移动通信设备，与国外企业展开竞争，以振兴民族制造业。

第三步，加强科研和自主开发。

经历了"以市场换技术"的准备阶段之后，我国的民族通信设备制造业开始崛起。以中兴、华为为代表的中国企业逐渐从技术跟随者变为国际竞争者。

起步于程控交换的"巨大中华"

我国的通信设备制造商起步于程控交换。

20 世纪 90 年代，以巨龙、大唐、中兴、华为为代表的一批制造企业敏锐地抓住难得的历史机遇，在程控交换机的国产化过程中实现了群体突破，极大地改变了我国通信设备市场的竞争格局，形成了我国通信设备制造业的"基本班底"。

1985 年，中兴的前身——深圳市中兴半导体有限公司成立。1986 年，深圳研究所成立，中兴开始自主研发。中兴从自主开发小型用户交换机起步，很快就成长为国产程控交换机的主流厂商。

1987 年成立于深圳的华为，早期靠代理港产小型用户交换机起步，他们敏锐地意识到了我国通信建设对大型程控交换机的需求，把握了这一机遇，很快就从交换机领域的"后起之秀"发展为国内固网领域的主导厂商，积累了大量研发资金与技术实力。

其间，邮电部对通信设备的国产化给予了大力支持。一位当年的亲历者还记得，华为看准了人才在科技企业发展中的关键作用，以优厚的条件从邮电部第十研究所这个程控交换领域的技术高地"挖"了几十名技术专家，给邮电部系统带来了很大震动。当时有人问时任邮电部部长的吴基传是不是要采取反制措施，吴基传则说："不要这样做，不管人在哪里，只要是研发中国的产品就可以！"

为给国内通信设备制造商提供不断改进、完善的机会，邮电部开放了农村及中小城市的程控交换网络，华为等企业的程控交换机"农村包围城市"的发展之路也由此而来。在国产程控交换机不断成熟之后，邮电部又适时开放本地网和高层网，并在 1996 年、1997 年连续两年举办"国内自主研制开发的程控交换机用户协调会"，分别签订意向框架协议 500 万线和 1600 万线，为国内通信设备制造商提供了广阔的发展空间。随着国内通信设备制造商的崛起，我国购买程控交换机的价格也由 1 线约 200 美元大幅下降到十几元人民币。

基于在程控交换领域积累的资金和技术实力，国内通信设备制造商开始向移动通信等新的领域发展。1994 年，中兴成立了上海第一研究所，以无线和接入为主要研究方向；1998 年，又成立了上海第二研究所，从事 GSM 移动通信系统、终端设备研制。1997 年，华为推出了我国第一套 GSM 系统，这是其成立近 10 年来的一次巨大创新和技术飞跃。

1998 年，华为和中兴的 GSM 系统先后通过国家鉴定，获得现网试验的机会。一年后，中兴与南斯拉夫 BK 集团签订了总额为 2.25 亿美元的 GSM 移动通信设备供货合同，实现了我国历史上第一次拥有自主知识产权的 GSM 移动通信设备出口。

当时，爱立信、诺基亚、摩托罗拉、北电网络等欧美厂商基本垄断了我国的移动通信设备市场。虽然在国内市场的份额还不足 5%，但是华为、中兴经过多年的市场培育，开始逐渐打开了局面。

从 2005 年开始，中国移动在 GSM 系统采购上采取了重大革新措施：一是加大集团集中采购的力度，二是引进华为、中兴等国内的制造商参与市场竞争。自此，华为从边缘供应商快速成长为核心供应商，华为的设备占中国移动 GSM 系统采购的份额逐年上升。2006 年，该份额升至 21%，在全球 GSM 供应商中排名第三。2007 年，华为坐上了全球 GSM 供应商的头把交椅。

依托逐渐形成的系统设备技术优势，中兴、华为等民族企业适时进入了手机终端市场。

早在 1998 年中兴就开始进行手机产品的研制。1999 年，中兴自主研制出 ZTE189 全中文 GSM 双频手机，同年，发布自主开发的 CDMA 机卡分离手机 ZTE802，成为全球率先采用这一技术的厂商。中兴手机的研发立足于核心技术，拥有核心软件、硬件电路、整机设计集成等自主技术。同时，一大批家电厂商开始进入手机市场，波导、夏新、海尔等企业的手机在国内市场上迅速占有了一定的份额。

2G 时代，庞大市场的带动、宏观政策的引导、国家的支持对我国移动通信行业的发展起到了重要的推动作用。当时，我国电信运营商形成共识：要站在国家高度支持制造业的发展，在市场规范下支持自主通信设备的发展。

"巨大中华"等在程控交换机市场上成长起来的中国企业，通过一段时期的技术和市场经验积累，开始在国内外崭露头角，从移动通信核心网络设备到无线基站，初步具备了参与国际移动通信设备市场竞争的能力。

如果说我国企业在大型程控交换机领域所取得的历史性突破为我国通信设备制造业的腾飞打下了坚实的基础，那么，此后在移动通信领域所取得的成就则真正让我国通信设备制造业跨入了世界领先的行列。

3.5 红筹第一股，央企改革样板

国企海外上市，在今天看来已不足为奇，但是在 20 世纪 90 年代中期，却是名副其实的新生事物。特别是对于国营的通信企业而言，由于其涉及国家政治、经济命脉，想要实现海外上市，绝对具有挑战性。

面对世界通信行业风起云涌的兼并重组、激烈竞争，面对国内通信行业渴望迅速壮大、与国际接轨的现实，移动通信行业主管部门在国务院主要领导的大力支持下，高瞻远瞩、果断行动，率先拉开了大型国企海外上市的大幕。

收购香港电讯，促进香港稳定

1984 年 12 月 19 日，中英签署联合声明，香港将于 1997 年回归。

为维护香港电信市场稳定，帮助香港实现通信主权顺利回归，邮电部受命收购香港电讯部分股权。由驻港的天波通信（集团）有限公司（简称天波公司）开始，与香港电讯的股东英国大东电报局（简称大东）进行多轮谈判与洽商。

天波公司是邮电部于 1993 年在香港成立的"窗口公司"，主要负责为我国邮电行业筹集资金，引进技术，开展通信贸易。天波公司刚成立时，目标还仅局限于通信设备贸易和建设融资，但随着"九七回归"的临近，国际电信大鳄相继盯上了香港电信市场，希望尽早占得市场先机，天波公司的目标开始有了变化。

香港电讯在香港电信市场实力最强，由大东控股，类似当时内地的中国电信。可以说，谁控制了香港电讯，谁就控制了香港的通信命脉。

20 世纪 90 年代，英国电信为实现市场扩张，开始着手收购大东。与此同时，美国的电信公司也频频向大东抛出"橄榄枝"，同样想在香港电信市场的角逐中占得先机。

面对复杂的国际政治与经济形势，我国政府决定收购香港电讯的部分股权，维护香港电信市场的稳定。

邮电部经过缜密分析，决定从三个渠道收购香港电讯的部分股权：一是从荣智健执掌的中信泰富收购 8% 的股权，二是从二级市场购买大约 2% 的股权，三是直接向大东收购 3% 的股权。最艰难的，就是这 3% 股权的收购。

历经各种干扰，经过多轮艰苦谈判，1997 年 6 月，邮电部与大东达成协议：邮电部收购香港电讯 3% 的股权；当控股比例超过 12% 后，允许邮电部向香港电讯派驻董事一名。双方还确定了第二阶段的合作目标，即大东逐步放弃对香港电讯的控股权，并进一步转让股权，最终使双方的股权持平。与此同时，大东将获得独特机会，成为后来成立的中国电信（香港）有限公司的主要投资者，从而进入我国高速增长的电信市场。

双方对外发布这一并购新闻后，香港媒体纷纷报道。一家香港报纸对此次跨境并购的评论是："巨石激起千重之浪，伏笔之大，轰动国际。"

逆市上市，创下四个"第一"

收购香港电讯 13% 的股权，粗略计算，需要几百亿元的资金。钱从哪里来？

邮电部可以向银行借贷，但这终究还是要还的，怎么办？为了解决资金难题，邮电部开始启动中国电信（香港）有限公司的筹备工作，并积极着手上市。

1997 年 2 月 25 日，中国电信（香港）有限公司在香港注册，3 月 21 日正式成立。该公司由天波公司出资 51%，中国邮电电信总局出资 49%，准备以红筹股的形式实现海外上市。

为什么是红筹股，不是 H 股？邮电部考虑，公司如果以 H 股形式在香港上市，则是内地公司，除了融资方面的作用外，无法与国际一流公司融为一体，实现经营管理的飞跃。而以红筹股的形式上市，就必须在香港注册成立一个"壳公司"，反向收购内地母公司资产，实现整体上市。这样，作为一个境外注册的公司，无论是公司治理结构，还是运营管理，都容易融入全球市场，所瞄准的竞争对手不再仅仅是国内的公司，还包括国外一流的电信运营公司。

1997 年 8 月，国务院经过慎重研究，同意邮电部剥离广东、浙江两省的移动通信业务先行上市的方案。中国电信（香港）有限公司上市日期定在 1997 年 10 月。

两个月！时间只有两个月，要完成相当复杂的上市准备工作，又没有任何资本运作经验，难度太大了。就连负责中国电信（香港）有限公司上市的承销商——美国高盛和中金公司的专家都为之捏了一把汗。

箭在弦上，不得不发。邮电部成立了上市工作领导组，部长吴基传担任组长，副部长杨贤足和周德强担任副组长，下设上市联合工作组，外部包括美国高盛、中金、香港毕马威等公司的一大批专业人士。从邮电部到广东、浙江两省，最多时在相关部门抽调了 3000 人，境内境外聘请的专业会计师、审计师、评估师多达 300 人，大家如陀螺般飞快地运转起来。

由于没有任何模式和经验可循，又处在那样一个特殊的历史时期，可以说每一步都很惊险，不容有失，更不容有错。招股说明书和相关文字材料摞起来有几尺厚。吴基传部长逐字逐句地修改了有关条款。

1997年10月，就在上市前夕，金融风暴袭击香港。香港汇市、股市、期市处处硝烟弥漫。正在这千钧一发的时刻，红筹股巨舰中国电信（香港）10月23日逆市上市，每股发行价11.68港元，筹集资金42亿美元。

上午10时，吴基传部长坐镇深圳，密切关注开盘情况。当时的中国建设银行行长、中金公司董事长王岐山，中国邮电电信总局局长张立贵，以及中国电信（香港）有限公司的领导们在香港交易所参加上市仪式。

在资本大鳄索罗斯的操作下，香港股市一片颓势。上市当天，香港股市狂泻1200多点，中国电信（香港）有限公司的股价大跌近20%。那天，史称"黑色星期四"。在香港外汇市场，特区政府与国际炒家进行了激烈对决，银行隔夜拆息，由6%飙升至300%。

当晚，在香港会展中心，中国电信（香港）有限公司举行酒会庆祝上市成功。上任不久的香港特别行政区行政长官董建华、新华社香港分社副社长朱育诚、香港特别行政区财政司司长曾荫权均出席了酒会。张立贵代表邮电部发表了热情洋溢的讲话："中国电信在香港、纽约两地成功上市，标志着中国电信发展进入一个新的阶段。邮电部将全力以赴支持上市公司的业务发展，积极推进移动通信在中国内地的普及。"

为了给关注首只红筹股的投资人打气，王岐山专程赴香港参加上市庆祝酒会，并发表热情洋溢的讲话："尽管今天股价跌了，但我们对中国电信的未来有充分的信心，中国电信一定会成为香港股市表现最好的上市公司。因为中国电信的背后有一个生机勃勃的中国，有一个改革开放逐步走向深入的中国！人是要有一点自信的，人不自信，谁人信之？"

次日，股价反弹，突破发行价。3 个月后，中国电信（香港）入选恒生指数成分股，股价牢牢站稳在 12 港元以上。"0941"的代号被香港股民戏称为"九死一生"。

当年，中国电信（香港）有限公司上市筹得 42 亿美元的真金白银，而 1997 年我国外汇储备总共只有约 1400 亿美元。当时有业内专家总结，中国电信（香港）有限公司的成功上市创下了四个"第一"：中国企业海外融资规模第一；亚洲（除日本外）资本市场融资规模第一；世界移动通信领域融资规模第一；国企招股市盈率第一。

此后，中国电信（香港）有限公司日益显示出它的优良品性和增长潜力，于 1998 年 6 月 4 日完成了对江苏移动通信的收购，为中国电信（香港）有限公司注入了至关重要的新鲜血液，由此帮助中国电信（香港）有限公司的股价连续攀升，也大大提振了香港股民的信心。1999 年 11 月 12 日、2000 年 11 月 13 日、2002 年 7 月 1 日，中国电信（香港）有限公司前后又分 3 次完成了对全国其他省（区、市）移动权益的收购，从而成为我国第一家在内地所有 31 个省（区、市）经营移动通信业务的海外上市的通信企业。

随着电信体制改革的推进，中国电信（香港）有限公司于 2000 年 6 月 28 日更名为"中国移动（香港）有限公司"；中国移动（香港）有限公司于 2006 年 5 月 29 日又更名为"中国移动有限公司"。

央企竞相"扬帆出海"

中国电信（香港）有限公司的成功上市，为我国央企大踏步进入海外资本市场实现融资和引入先进的国际管理经验提供了有益的借鉴。随后，中国石油、中国石化、中国海油相继完成重组改制，于 2000 年左右登陆国际资本市场。接着，四大国有银行接连成功"扬帆出海"。

2000 年 6 月 21 日和 22 日，中国联通紧跟中国电信（香港）有限公司的步伐，分别在纽约证券交易所和香港联合交易所挂牌上市，首次公开发行股票 31.5 亿股，筹资 56.5 亿美元。不同于中国电信（香港）有限公司的逆市而上，中国联通的上市顺风顺水，占尽天时地利，上市首日就受到热烈追捧，升幅达到 11.3%。这次上市成为当时香港有史以来最大的一次股票公开发行，并进入全球股票首次公开发行史上的前十名。

2002 年 11 月和 2004 年 11 月，重组后的中国电信和中国网通以崭新的形象先后亮相国际资本市场，分别在纽约证券交易所和香港联合交易所挂牌上市。中国电信股票发行价为 1.48 港元，首次筹集资金约 14 亿美元；中国网通股票发行价为 8.48 港元，共计筹资 11.4 亿美元。

红筹巨舰闯香江，开创大型央企海外上市的先河，使开放的中国通信行业直面世界电信市场，与国际一流的同行面对面交流与竞争。时至今日，中国电信、中国移动、中国联通已经成为世界一流电信运营商，在为我国近 14 亿民众提供多元化先进通信服务的同时，也为世界通信事业的发展做出了突出贡献。在全球通信界，"中国声音"越来越响亮。

中国联通上市（张松延／摄）

3.6 提振经济，普惠大众

从小到大，从弱到强，从城市到乡村，从国内到国外……在第二代移动通信发展时期，我国移动通信行业以前所未有的发展速度创造了世界通信史上的奇迹。值得称道的是，我国移动通信行业在加速自身发展的同时，也以有形的贡献和无形的影响，推动着国家经济的发展、社会的进步和亿万老百姓生活水平的提高，助推着信息社会的建设。

经济引擎，生活助手

信息产业是我国国民经济的基础产业、先导产业和支柱产业，是国家综合国力的重要标志之一。而移动通信作为信息产业发展最快的行业，在方便快捷、大容量、多方位地传递信息的同时，为国家创造了巨额的税收，创造了大量的就业机会，有力地带动了国民经济的增长，促进了人民生活水平的提高。

例如，2006 年，我国信息产业共实现增加值 1.52 万亿元，占 GDP 的 7.5%，其中移动通信收入达到 3064 亿元，占电信总收入的比例达到 47.3%，比上年增长 18.5%，高于电信总收入增长率（11.6%）。仅中国移动一家企业，自 2000 年到 2006 年就累计上缴利税 1670 亿元，直接和间接创造就业岗位超过 230 万个。可以说，移动通信行业已经成为我国信息产业的发展引擎，成为推动国民经济增长的重要力量。

自 1987 年正式商用以来，我国移动通信行业一直紧跟国家经济建设的发展需求，主动服从于经济社会发展大局。

改革开放初期，移动通信行业准确把握移动通信技术机遇，在珠三角地区和沿海经济区实现了局部突破，满足了"三来一补"等外向型企业的迫切通信需求。在我国大步跨入市场经济新时期后，移动通信行业及时抓住 GSM 网络的建设机遇，逐一破解资金短缺、全国漫游、互联互通等行业难题，实现了沿海、沿江、沿高速公路乃至全国的网络全覆盖，从"替补队员"成长为通信行业的"主力选手"，推动了市场经济的发展。跨入 21 世纪后，面对全球风起云涌的信息化浪潮和我国信息社会建设的战略需求，移动通信行业各环节紧密合作，积极发挥"移动性、个人性、实时性、安全性"的优势，充分利用各种资源，把先进的移动通信技术应用融合到政府部门、传统产业、广大农村中，在直接贡献于经济发展的同时，有力地推进了国民经济和社会信息化进程。

在 2G 时代的近 15 年间，我国移动通信行业走过了一条准确把握经济大势、技术机遇的快速发展之路，在每一个发展阶段都为国家经济建设做出了积极贡献，并通过自筹资金、上市融资等手段搞建设，有效减轻了国家财政的负担。特别是 2000 年到 2008 年，我国移动通信行业始终以高于 GDP 若干倍的速度增长，成为国民经济各行业的"领头羊"。

2001 年，四川凉山拖乌沟移动基站开通，手机终于有了信号，村民们乐得像过年一样
（来源：四川移动）

移动通信也给我国的老百姓带来了看得见、摸得着的实惠：从 2 万元一部的"大哥大"到 200 元一部的老人机；从高额的入网费到逐年降低的通信资费；从一城一家营业厅到网络、电话、短信等多维度服务渠道；从单一语音业务到包含图片、铃声、游戏等丰富内容的多媒体服务……其时，移动通信已经融入人们的生活之中，成为老百姓不可或缺的生活必需品。特别值得欣慰的是，越来越多的农民也跨越了信息鸿沟，享受到了移动通信带来的"数字福利"。自信息产业部 2004 年启动"村通工程"以来，电

信运营商积极承担社会责任，使移动通信成为农民生产的帮手、生活的伙伴、致富的桥梁，努力发展让农民真正"用得上，用得起，用得好"的手机。据统计，到 2006 年，中国移动已累计为 3 万余个行政村开通移动电话，将我国行政村通电话的比例提高了 5%；中国联通仅 2006 年一年就为 1152 个行政村和 236 个建设兵团连队、林场、矿区开通了移动电话。

应急先锋，生命保障

2008 年 5 月 12 日 14 时 28 分，四川省阿坝州汶川县发生 8.0 级强烈地震，交通、通信基础设施遭到严重破坏，人民的生命财产安全遭受重大损失。

灾情就是命令，时间就是生命！危急时刻，通信就是生命线！

当人们紧急避险、撤退后方之时，来自中国电信、中国移动、中国联通以及通信设备制造商的通信抢险队员，义无反顾地冲进了灾区第一线。道路不畅，他们扛起设备徒步前行；电力中断，他们坚守燃油发电机彻夜发电；余震频发，他们不顾安危驻扎一线。

刘建秋是中国移动四川分公司的员工。地震发生后，正在马尔康进行"村通工程"施工的他和同事们接到命令，就地成立抗震抢险突击队。5 月 16 日中午，刘建秋带领抢险队伍在阿坝州高家庄路段抢修受损光缆，其间突发 5.9 级强烈余震，引发山体大面积山石飞落。"大家快跑！"刘建秋大声警示同事避让飞石，而自己却不幸被飞石击中，英勇献身，年仅 36 岁。

在生命的最后一刻，长年在外奔忙、很少回家的刘建秋，流着泪说了 4 个字："我……想……回……家！"

2009 年 8 月，刘建秋正式被民政部追认为革命烈士。

手机打得出，短信发得出，网络连得通……越是关键时刻，通信的畅通越显珍贵。这也是广大通信人的责任与担当。

不仅仅是地震，洪水、台风、泥石流、冰冻雨雪……从南方雨雪冰冻灾害到"5·12"汶川特大地震，再到"4·14"青海玉树地震……应急救援中，千千万万的通信人为抢修一条条"生命线"，流血流汗，甚至献出了宝贵的生命。

2008年5月12日，汶川突发8.0级强震。向震区进发，誓保通信生命线！
成千上万名通信抢险队员突入震区一线，流血流汗，不辱使命
（来源：四川移动）

灾难，既让我们感叹生命的脆弱与无常，也折射出那些"逆行勇士"们胸怀大局、忠于职守、舍生忘死的人性光辉。

灾区不会忘记，人民不会忘记，历史也不会忘记，有这样一群人一直守护在我们身边。

提升国家实力，促建信息社会

移动通信在为经济发展、社会进步、大众生活做出积极有形贡献的同时，还以无形的影响促进了我国软实力的提升，而这一"隐形贡献"的价值远远超出了金钱能够衡量的范畴，对我国信息社会建设具有重要意义。

移动通信促进了中国人观念的改变，带动了通信文化的兴起。2G 时代，我国的移动通信网络覆盖范围不断扩大，终端功能日益增强，业务内容不断丰富，真正实现了"任何人、任何时间、任何场所，使用任何终端都能够安全快捷地自由通信"的构想。那时，人们就已经开始利用手机满足学习、生活、工作、资讯获取、休闲娱乐和电子商务等不同需求。拇指传情、手机读报、手机购物……移动通信延伸了人们的听觉、视觉、触觉，扩大了人们交流的广度，加深了人们沟通的深度，扩展了彼此间沟通的时空范围，加速了人们思维方式、工作方式、生活方式的转变。同时便捷的移动通信降低了信息交流的成本，扩大了人们的信息来源，有力地促进了国民素质的提升。

移动通信促进了经济社会运行效率的提升。信息资源、物质资源、能量资源是社会发展的三大资源，但只有信息资源具有得天独厚的可再生优势，利用好信息资源，还能充分有效地利用物质资源和能量资源。移动通信行业冲破时空束缚，充分利用信息资源，推出了一系列移动信息化行业应用，这些应用已经融合渗透到政府相关部门和电力、交通、石油、民航、海关、餐饮、运输、金融、旅游、环保等众多行业，有效地帮助相关行业降低了经营成本，规避了经营风险，提高了管理效率，促进了经济社会运行效率的提升，带来了难以用金钱衡量的倍增价值。

通信企业的快速成长提升了我国的国际竞争力。2G 时代，移动通信行业的跨越式发展，催生了中国移动、中国联通、中兴、华为等在国际电信领域颇具竞争力的大企业。这些企业的发展壮大不仅推动了国民经济的发展，而且促进了我国国际地位的提升。一直以来，我国被冠以"世界加工厂"的称谓，这既体现了我国在劳动密集型加工制造业方面的优势，也折射出我国在技术和知识密集型产业方面的劣势。然而，在经济全球化的背景下，决定一个国家国际竞争力高低的恰恰是技术和知识密集型产业的水平。移动通信强势企业的腾飞，特别是国际影响力的增强，极大地促进了我国国际竞争力的提升。与此同时，这些企业接轨国际的管理理念、资本运作经验、海外拓展实践，甚至发展中的教训，都成为我国其他企业发展过程中的有益借鉴，带动着更多的企业走出国门、走向国际。

尾声

从"贵族"到"平民"，从"大哥大"到"大众化"，从发展瓶颈到经济先锋……如果说在 1G 时代，我国移动通信行业实现了从无到有，那么在 2G 时代，则实现了从小到大、从起飞到腾飞的跨越式发展。无论是网络规模、技术层次，还是服务水平、人才储备，都发生了质的飞跃。

统计数据显示，1994 年 2G 网络在广东开通时，全国移动电话用户（1G 用户）数还不到 65 万户，仅仅 3 年后的 1997 年，我国移动电话用户数就达到了 1000 万户，接着 4 年后的 2001 年，增至 1 亿户。此后，2002 年 11 月，我国移动电话用户数达到 2 亿户；2004 年 5 月，达到 3 亿户；2006 年 4 亿户；2007 年 5 亿户；2008 年，在 3G 发牌前夕，又突破了 6 亿户。

2G 时代，我国不仅是全球移动电话用户数最多的国家，同时也是全球 GSM 和 CDMA 网络容量最大的国家，还是全球手机产销量和品牌最多的国家。

这一时期，移动通信行业进入"辉煌"时期，不仅从当初制约经济建设的瓶颈一跃成为国民经济的基础产业和先导产业，为国家经济建设和社会发展提供了有力支撑，而且，移动信息化应用深度影响到大众生活的方方面面，推动着人们思维观念和社会生活、生产方式的改变。

第四章

坎坷 3G，改变产业

引子

旧时王谢堂前燕，终于飞入寻常百姓家！

在改革开放的时代背景下，我国准确把握 2G 的发展机遇，大胆决策、超前建设，移动通信网络及应用发展取得空前成就，给经济社会发展和大众信息生活带来了质的提升。同期，我国通过实施"引进、消化、吸收、再创新"战略，在移动通信设备制造领域推进国产化，民族厂商的市场份额逐步提升。

然而，面对国外厂商通过技术标准"把持"移动通信竞争制高点并获取高额收益的现实，我国移动通信行业陷入了深思：中国，只能扮演跟随者的角色吗？

紧紧抓住全球 3G 创新的难得机遇，中国通信人如学步的孩童，如初生的牛犊，不知难、不言畏，跟跟跄跄地闯上了一条遍布荆棘的标准之路，并最终实现了我国百年通信史上"零的突破"。

这一路，艰苦卓绝；这一闯，彪炳史册。

4.1 提交自己的标准，迫在眉睫

这是一个掌握标准就拥有话语权、掌握标准就占据制高点的时代。

随着经济全球化的深入发展，标准已成为世界"通用语言"，成为国家核心竞争力的基本要素之一。小到企业，大到国家，如果不参与标准的制定，就很难摆脱被边缘化、末端化的命运。在移动通信等战略性高科技领域，更是如此。

我国移动通信行业的标准突破之路走得相当艰难。从汉字寻呼标准到移动通信全网漫游标准，我国移动通信行业一直在技术领域奋力追赶国际同行，努力提升在移动通信领域的国际话语权。一位移动通信专家曾坦言道："改革开放初期，我们对无线通信的研究还很浅，很多技术只知其然，不知其所以然。刚开始真是搞不明白人家的国际标准是怎么做出来的，但是我们一直都没有放弃。"

1G 时代，基础薄弱的我们只能奉行"拿来主义"，认真学习、研究。2G 时代，略有积累的我们开始积极参与国际标准的制定事宜，积极建言、发声。

20 世纪 90 年代，随着图像、视频等宽带多媒体业务需求的产生，面向更高带宽、更快速率的 3G 技术相关研究逐渐浮出水面，成为世界各国在高科技领域竞争的新焦点。

1996 年，ITU 的 TG8-1 任务组在美国圣迭哥召开会议，时任邮电部移动通信局总工程师的李默芳临时担任发展中国家第 5 工作小组主席，她作为代表，首次把中国对 3G 的需求形成报告提交给了 ITU。当时，发展中国家里，只有中国提交了 3G 文稿。

1997 年 4 月，ITU 向全世界发出邀请，征集 3G 国际标准技术方案。李默芳迅速将信息传回国内，并积极建议邮电部领导关注。"我觉得中国决不能放弃这个机会，应该把我们自己的技术提交上去。1998 年 6 月底是 ITU 给出的截止日期，时间非常紧张，我急得直接给林金泉副部长（原邮电部副部长，主管科技教育等）打了电话。"李默芳的建议得到了邮电部领导的高度重视。

我国政府主管部门和业界专家敏锐地意识到，这是我国掌握移动通信行业发展主动权、冲击自主创新制高点的大好机遇。

1997 年 5 月，邮电部科技司召集业界专家召开了一次小型会议，就我国参与 3G 国际标准申报的可能性、路径和技术方案进行了开放式交流。

两个月后，1997 年 7 月，邮电部批准成立了由政府部门、运营企业和研究机构组成的 3G 无线传输技术评估协调组，并在 ITU 进行了注册。评估组组长由时任邮电部电信传输研究所副所长的曹淑敏（后历任工信部电信研究院院长，中国信息通信研究院院长，江西省鹰潭市委书记、市长，现任北京航空航天大学党委书记）担任，各项工作迅速紧张地展开。

1998 年初，邮电部在北京召开专题会议，向国内征集相关提案。在这次会议上，电信科学技术研究院提出，以我国自主创新的 SCDMA 技术为基础，向 ITU 提交 3G 标准。

电信科学技术研究院于 2001 年整体转制为大型国有科技企业集团，即大唐电信科技产业集团，后来成长为一家专门从事电子信息系统装备开发、生产和销售的大型高科技中央企业，拥有无线移动通信、集成电路设计与制造、特种通信等产业，是我国移动通信行业的主力军。2018 年 6 月，大唐电信科技产业集团（即电信科学技术研究院有限公司，简称大唐电信）

与烽火科技集团（即武汉邮电科学研究院有限公司）联合重组，新设中国信息通信科技集团有限公司。

SCDMA 是获得国家科技进步一等奖的无线接入技术，其突出特点是具有很高的频谱利用率，可有效解决 GSM 技术中频谱资源利用不足的问题，而且可动态调整上下行链路速率，以满足上行指令简单而下行数据海量的宽带多媒体业务需求。此外，SCDMA 技术创新采用智能天线技术，可大幅降低发射功率。

尽管讨论过程中一些专家提出了担心和疑虑，但时任邮电部科技委主任的宋直元力排众议，他认为，我国发展移动通信不能永远靠国外的技术，总得有个第一次。会议提出决策：由电信科学技术研究院牵头，以 SCDMA 技术为基础，起草 3G 标准提案，代表中国向 ITU 提交。

此时距离截止日期已不足半年的时间。在移动通信专家李世鹤（被誉为中国"3G 之父"）的带领下，我国开始了紧张的 3G 标准提案的起草工作。

1998 年 6 月，我国 3G 标准提案的起草工作完成。在 6 月 30 日——3G 国际标准提案征集截止日，我国正式向 ITU 提交了拥有自主知识产权的 TD-SCDMA（Time Division-Synchronous Code Division Multiple Access，时分 - 同步码分多址）技术作为 3G 标准的候选标准。

这是我国百年通信史上第一次向 ITU 提交完整的通信系统标准！是的，我们没有角逐高科技领域国际标准的成功经验，我们缺乏开发全套新型移动通信系统的基础，我们还未研发出足以支撑企业发展的技术，但是，我国移动通信的自主创新迈出了第一步！

4.2　梦想起航

到 1998 年 6 月底，ITU 共收到 10 个候选技术标准。其中，美国 4 个、欧洲国家 2 个、韩国 2 个、中国 1 个、日本 1 个。

我国提交的 3G 标准想要在 ITU 的选拔机制中胜出，必须通过标准化局和无线电局设置的两道技术关口。

闯关 ITU

ITU 首先会对各国提交的标准进行技术价值评估。相关技术只有通过筛选才有成为入选标准的可能，如果在筛选阶段没有过关，则意味着出局！

1998 年 11 月，ITU 第 8 研究组在伦敦召开第 15 次会议，进行技术筛选，由第 8 研究组下属的第 5 工作小组具体负责。

天时，人和！

ITU 的一个人事变动给了中国 3G 标准一个绝好的机会。此前，第 8 研究组第 5 工作小组的主席由第 8 研究组主席、来自加拿大的权威专家兼任。那段时间，因为第 8 研究组及其下属的第 5 工作小组的任务都很繁重，加之代表我国参会的曹淑敏在 ITU 学术讨论中展现出的专业素质给第 8 研究组主席留下了深刻印象，于是他推荐曹淑敏担任第 5 工作小组的主席。

曹淑敏上任后，与来自电信科学技术研究院的李世鹤、移动通信局的总工程师李默芳等人一同在 ITU 会议上为中国 3G 标准据理力争。几番努力，伦敦会议的结果令人振奋：中国 3G 标准成功闯过标准关！

很快，争夺无线关的"战斗"打响了。

1999 年 3 月，ITU 在巴西举行会议，研究确定无线接口的关键参数。TD-SCDMA 的关键参数只有被列入其中，才能继续发展，如果关键参数不被接纳，亦是满盘皆输。

在此次会议上，中国代表团积极宣传中国 3G 标准的频谱利用优势，说服各国专家支持中国 3G 标准。最终，TD-SCDMA 的关键参数被完整保留。

1999 年 11 月，ITU 在芬兰赫尔辛基召开会议，我国提出的 TD-SCDMA 提案被列入 ITU-R M.1457 建议，成为 ITU 认可的 3G 主流标准之一。

2000 年 5 月，世界无线电通信大会正式批准了 3G 标准建议。从此，中国提出的 TD-SCDMA 与欧洲、日本提出的 WCDMA、美国提出的 cdma2000 并列成为第三代移动通信三大主流标准。

这是我国百年通信史上"零的突破"，标志着我国在移动通信技术标准领域走进世界前列。

这也是中国对世界移动通信发展的重要贡献，TDD（Time Division Duplex，时分双工）技术为全球频谱资源紧张下的技术走势提供了全新的解决方案，而这一创新贡献后续一直影响到全球 4G、5G 技术路线的走向。

"加盟"国际通信标准化组织

获得 ITU——这个制定全球通信行业标准的官方组织的批准，中国 3G 标准就真正确立了国际标准的地位了吗？

第一次参与移动通信高科技领域"标准游戏"的中国，后来才发现，游戏规则复杂着呢。

在全球电信领域，一个国际标准要真正实现商用，必须获得两个方面的支持：一是官方组织（例如 ITU）的认可；二是产业链（例如 3GPP、3GPP2 等国际通信标准化组织）的支持。虽然 ITU 在移动通信国际标准制定的过程中发挥着主要的推动作用，但是 ITU 的建议并不是完整的规范，标准的技术细节则主要由上述两个国际通信标准化组织进一步完成。也就是说，如果仅仅被 ITU 认可，但没有得到 3GPP、3GPP2 这些国际通信标准化组织的支持，标准也只是纸上谈兵，不能实现真正的商用。

3GPP 是一个成立于 1998 年的国际通信标准化组织。有欧洲背景的 3GPP 主要制定以 GSM 核心网为基础，以 WCDMA（Wideband Code Division Multiple Access，宽带码分多址）以及我国积极争取的 TD-SCDMA 为无线接口的 3G 技术规范。3GPP2，则是致力于推动美国主导的 cdma2000 标准产业化的组织。这两个国际通信标准化组织是 3G 标准的具体制定者，其成员涵盖了世界上几乎所有有影响力的电信运营商和设备制造商。

"只有国际通信标准化组织接纳了这个标准，相关的技术才会被纳入设备、系统的生产之中。因此，3GPP 的认可很重要，但他们一开始并不接纳 TD-SCDMA。"一位移动通信技术专家如是说。

为了适应"游戏规则"并参与其中，经过积极努力，1999 年 4 月，我国成立了第一个通信标准化组织——中国无线通信标准组，由曹淑敏兼任该组织的主任委员。1999 年 6 月，中国无线通信标准组正式加入 3GPP 与 3GPP2。

加入是一回事，赢得国际通信标准化组织的认可是另一回事。怎么办？只有被 3GPP 等组织认可，才能通过他们协助 TD-SCDMA 定义完整的端到端系统规范，实现不同厂商之间的互操作，从而为中国 3G 标准商用化奠定坚实基础。

曲线救国！

当时，全球运营商已经开始参与标准的制定。为了推动通信标准的一致化，运营商牵头成立了 OHG（Operators Harmonization Group，运营商融合组织）。所谓"一致化"，就是从运营商和用户的角度出发，国际标准越少越好，对互联互通、降低成本而言，只存在 1 个标准才是最优解。OHG 的主旨就是积极推动标准的融合发展。移动通信领域的国际标准，1G 群龙混杂，2G 有 4 个，3G 有 3 个，4G 有 2 个，直到 5G，一致化的梦想才真正实现，融合为 1 个标准。

鉴于 GSM 在我国取得的巨大成功，特别是中国移动在全球运营商中整体实力排名的快速提升，李默芳被推选为 OHG 的首任主席。

国内通信行业有人建议：能不能通过 OHG 给 3GPP 发通函，代表国际运营商支持 TD-SCDMA？

行不行，都要试一试。

1999 年 9 月，中华人民共和国成立 50 周年大庆前夕，正忙于各项通信保障任务的李默芳连夜从北京赶往德国海德堡参加 OHG 会议，争取 OHG 对 TD-SCDMA 的支持。此时，李默芳已卸任 OHG 主席，但这位东方女性在全球运营界的国际声望依然很高。

得知李默芳为了 TD-SCDMA 正赶往海德堡，OHG 提前召开会议讨论对策。支持还是不支持？会上，移动通信世界级专家、美籍华人李建业博士一语中的："Madam Li 专程而来，决心很大，中国自己的运营商支持

TD-SCDMA，他们那么大的体量与市场，我们有什么理由反对，为什么不能把 TD-SCDMA 纳入我们的标准体系里呢？"待李默芳下飞机、转火车赶到海德堡会议现场，演讲完毕，OHG 主席就将支持 TD-SCDMA 的通函交到了她手中。随后，OHG 这一代表全球主流运营商的支持意见传递到了 3GPP，中国 3G 标准与 3GPP 的"牵手"迈出了重要的一步。

1999 年 12 月，3GPP RAN 会议上，正式确立了 TD-SCDMA 与 UTRA TDD 标准融合的原则。经过持续不断的努力，2001 年 3 月 16 日，在美国加利福尼亚举行的 3GPP TSG RAN 第 11 次全会上，TD-SCDMA 被列为 3G 标准之一。这是 TD-SCDMA 成为全球标准的历程中的一座重要的里程碑，标志着 TD-SCDMA 被全球众多电信运营商和设备制造商所接受。从此，TD-SCDMA 成为完全可商用版本的国际标准，并开始启动从标准化向产业化的突破。

波澜再起，完美反击

世界移动通信发展的历程表明，任何一种移动通信技术标准的发展和成熟都离不开政府的支持。

从 2G 来看，欧洲 GSM 标准和美国 CDMA 标准的背后都有来自政府的强大力量。没有欧盟及其成员国给予的政治支持和由欧洲运营商所组成的"谅解备忘录协会"的全力推动，GSM 不会在全球大获成功。美国为推广自己的 CDMA 标准更是不遗余力。虽然 CDMA 标准进入市场较晚，而且仅有一个厂商支持，但美国官方坚决支持并资助该标准，不仅鼓励在美国本土采用 CDMA 标准，还鼓励美国的设备制造商和进入北美市场的外国供应商支持 CDMA 标准，并大力说服南美洲和亚太地区使用 CDMA 标准，使其成为一项国际标准。为了对抗 GSM，美国联邦通信委员会一开始并没有在可分配的频率中为 GSM 留一席之地。正是因为美国政府采取的这一系列措施，CDMA 最终实现了在北美和亚太等地区的应用，成为继 GSM 之后的全球第二大移动通信技术。

借鉴国际经验，我国政府也采取了一系列积极措施支持具有自主知识产权的 TD-SCDMA 标准的发展。

2002 年 10 月，信息产业部发布了我国的 3G 频率规划方案，给 3G TDD 标准规划了 155 MHz 频谱，为 TD-SCDMA 产业的发展提供了充足的频谱资源，也向全世界表明了我国政府支持 TD-SCDMA 标准的明确态度，为 TD-SCDMA 的标准化、产业化进程注入了一针强心剂。

创新的道路，总是充满着坎坷，任他波涛滚滚，我自初心不变。

2003 年 6 月，ITU 世界无线电通信大会在瑞士日内瓦举行。会上，日本突然提出要在中国已经分配给 3G TDD 业务的频率上发展卫星广播业务。该提案一旦通过，TD-SCDMA 未来的发展将受到严重影响。为此，中国代表团进行了全面反击。时任信息产业部副部长的奚国华指示代表团，在 TD-SCDMA 这一事关国家利益的问题上绝不让步。当时的信息产业部无线电管理局局长刘利华（后任工信部副部长）、副局长谢飞波（后任工信部无线电管理局局长）带领中国代表团，在相关会议上据理力争，最终使日本代表团的提案未获通过，成功维护了我国发展 TD-SCDMA 的正当利益。

必须承认，TD-SCDMA 标准起步较晚，有着各种不足，发展困难较大，但是经过艰苦卓绝的努力，其在技术上的许多独特优势显露无遗——频谱的利用率更高，更适合支持移动互联网业务，许多技术代表着移动通信技术的发展方向。可以说，这一标准的提出和发展，是我国移动通信行业对世界通信事业发展做出的重大贡献。

4.3 谁来牵头？

作为我国百年通信史上第一个拥有自主知识产权的国际标准，TD-SCDMA 是我国通信行业自主创新的重要里程碑。然而，标准并不等于产品，更不等于商品，TD-SCDMA 能否顺利产业化、市场化，能否顺利将创新技术真正转化为现实生产力，才是这一自主创新成果必须面对的真正考验。

众人拾柴火焰高

作为 TD-SCDMA 标准的提出者、核心知识产权的拥有者，大唐电信深知，TD-SCDMA 虽然取得了标准化的成功，但距离产业化还有很长的路要走，还有很多艰难险阻要突破，唯有众人拾柴，TD-SCDMA 的创新火炬才能熊熊燃起。

为更快地推进 TD-SCDMA 的产业化进程，早日形成完整的产业链和多厂家供货环境，推进企业平稳顺利进入 3G 市场，2002 年 10 月 14 日，在国家发展计划委员会、科学技术部（简称科技部）和信息产业部的推动下，TD-SCDMA 产业联盟成立预备会在深圳举行，相关企业在会上确定了联盟章程，组成了筹备小组。

2002 年 10 月 30 日，大唐电信科技产业集团、华立集团有限公司、华为技术有限公司、联想（北京）有限公司、中兴通讯股份有限公司、宁波波导股份有限公司、中国电子信息产业集团公司、中国普天信息产业集团公司联合发起成立 TD 产业联盟（TDIA）。

时任国务院副总理的吴邦国为 TD 产业联盟成立发来了贺信。在时任国家发展计划委员会副主任的张国宝、时任科技部副部长的邓楠、时任信息产业部副部长的娄勤俭（后任陕西省委书记，现任江苏省委书记）的共同见证下，大唐电信董事长周寰等 8 家企业的领导佩戴联盟红色围巾在主席台上高举双臂，正式宣告：TD 产业联盟诞生了。

2004 年 2 月，国家发展改革委、科技部、信息产业部共同启动了"TD-SCDMA 研发和产业化项目"，安排项目经费 7.08 亿元，其中产业发展的第一笔资金由信息产业部提供。该项目推动了完整的 TD-SCDMA 产业链的形成。

2006 年 2 月，以中国电信、中国移动和中国网通 3 个有实力的运营商为主，启动了 TD-SCDMA 规模网络技术应用试验。

由此，TD-SCDMA 的产业化创新举措开始紧锣密鼓地实施。

据知情人士透露，2007 年初的一天，当时分管信息产业的国务院副总理曾培炎和中国移动董事长王建宙进行了一次深入交流，明确希望由中国移动为主，用 1 年时间在北京、天津、上海、秦皇岛、沈阳、广州、深圳等 7 个奥运相关城市及厦门，建成一个可以服务奥运的八城市 TD-SCDMA 扩大规模试验网。中国移动迅速表态：坚决不辱使命，完成任务。

2007 年 3 月，中国移动公布了 TD-SCDMA 招标建网方案，投入资金近 267 亿元，用以建设 TD-SCDMA 扩大规模试验网。

2008 年 4 月 1 日，中国移动及时启动了奥运城市 TD-SCDMA 网络试商用和社会化业务测试工作。

2008 年 8 月 8 日晚 8 时，在漫天盛开的烟花中，一场在中国大舞台上演的奥林匹克盛典绚丽开幕。从奥运会到残奥会，从场内到场外，一曲在"无线谱"上演绎的恢宏"通信交响乐"，成为这场旷世盛典深刻烙印在人们心中的经典一幕。

让人特别难忘的是，在这场"世纪交响曲"中，也有了发自 TD-SCDMA 这个已经获得国际标准认可的中国"民族乐曲"的强音——中国移动为 20 万友好用户、10 万奥运工作者提供了 TD-SCDMA 服务，如期兑现了将 3G 技术用于北京奥运的庄严承诺。

3G 紧急发牌，重担交给移动

第三代移动通信的发展早已不仅仅是通信行业的任务，而是上升为国家战略。为了促进 3G 时代形成相对均衡的市场竞争格局，我国政府在 3G 发牌前就提前进行了运营主体的重新布局。2008 年 5 月，新中国电信、新中国移动、新中国联通相继成立，我国通信行业首次形成了三大全业务运营商"三足鼎立"的市场格局。

究竟谁会擎起 TD-SCDMA 的运营大旗？还是 3 家同担重任？国内外传言甚盛。一时间，关于 TD-SCDMA 究竟花落谁家的猜测成为媒体热议的话题。

历经北京奥运"实战"的中国移动，其实已经默默做好了承担 TD-SCDMA 发展重任的准备。通过奥运洗礼，中国移动对 TD-SCDMA 产品的成熟度及其与国外技术标准的差距有了充分的了解，并给出了一份积极推进 TD-SCDMA 成熟的 3 年规划。当时大家判断，这意味着我国政府没那么快发放 3G 牌照。

世事难料！

2008 年，美国房地产泡沫破灭引发的次贷危机愈演愈烈，严重影响到全球经济的健康发展，各国都面临严重的经济危机。从北美到欧洲，再到亚太地区，为应对这次金融风暴，各国一系列经济刺激措施相继出台。

中国也不例外。2008 年 11 月开始，我国政府密集推出了大手笔的调控"重拳"。此时，具有巨大投资拉动效应的 3G 进入了国家决策层的视野。

据《人民邮电》报报道，2008 年 12 月 28 日晚，国务院总理温家宝致电工信部部长李毅中，告知将召开国务院常务会议，研究 3G 牌照的发放，并要求工信部"出手要快"，做好以最短的时间走完法定审核程序的准备。

2008 年 12 月 31 日中午 11 时，一个急切的电话打进位于北京西长安街 13 号的工信部办公厅："3G 发牌方案，国务院常务会议通过了！马上准备召开工信部 3G 发展领导小组会议，研究 3G 牌照具体发放事宜！"

电话是李毅中部长在国务院常务会议间隙打来的。在上午的议程中，李毅中代表工信部向国务院做了关于发放 3G 牌照的建议报告。听完报告后，温家宝总理表示，3G 牌照的发放意义重大，影响深远，当前政府启动这项工作，对于应对国际金融危机冲击，千方百计保增长、保发展、保民生有着直接的带动作用，要当机立断，立即发出。国务院其他领导也都表示赞同。10 年来悬而未决的 3G 发牌问题就这样一锤定音了。

2009 年元旦假期，工信部办公厅内一片忙碌。工信部 3G 发展领导小组成员、12 个相关司局的工作人员加班加点，审核三大电信运营商紧急报来的 3G 牌照申请材料。

2009 年 1 月 7 日下午，工信部正式向中国移动、中国电信和中国联通发放了 3 张 3G 牌照。其中，中国移动获得 TD-SCDMA 牌照，中国电信获得 cdma2000 牌照，中国联通获得 WCDMA 牌照。

中国正式进入 3G 时代！

当时，研究机构分析，我国 3G 发展的前 3 年，电信运营商的累计投资将达 3000 亿元，而且将产生巨大的"乘数效应"，可拉动社会投资近 2 万亿元，对减弱金融风暴对中国的冲击、促进经济平稳较快发展具有重要意义。

3G 牌照发放后，当时的工信部党组书记、部长李毅中，党组副书记、副部长奚国华与中国移动的相关领导进行了深谈，主旨就是：做好 TD-SCDMA 的建设运营，既是中国移动肩上的千钧重担，也是工信部工作的重中之重。中国移动的相关领导郑重表态：全力以赴、千方百计实现 TD-SCDMA 的快速建网、成功运营。

2009 年 1 月 7 日，3G 牌照发放仅几小时，中国移动就正式面向全国推出全新的 3G 品牌标志"G3"和 3G 专属的 188 号段，在 3 家运营商中率先正式拉开了 3G 建网和市场运营的序幕。

2009 年 1 月 10 日，中国移动召开全国电话会议，布置了 TD-SCDMA 建设的新规划。这个规划对 2008 年 12 月 12 日布置的《2009—2011 年 3G 网络建设发展规划》进行了全新调整，新建 TD-SCDMA 基站规划量增加了 40%，达 14 万个，以实现全国 100% 地市的 TD-SCDMA 网络覆盖。

量变的表象下是质变的跨越。

中国移动 TD-SCDMA 网建 2.0 版的发布离 1.0 版的发布还不到 40

天，其反应之快、力度之大令人惊异，也向业界发出了强烈信号：中国移动已经从"要我做"进入"我要做"的阶段。TD-SCDMA 是中国移动运营 3G 的唯一途径。华山论剑，此路必经。

无论外界什么态度，或振奋，或嘲讽，或忧心……2009 年，TD-SCDMA 网络建设从"小步快跑"进入"大干快上"阶段。

4.4 难题一个接着一个

市场才是检验一切的试金石！当 TD-SCDMA 真正要大规模组网，接受广大手机用户的检验时，一系列问题密集浮出水面。

组网经验为零，运营经验为零，测试体系为零，芯片为零，终端为零……自主创新技术首次迎接市场风雨洗礼，艰难在所难免。

2009 年商用之初，相比几乎什么都要从零做起的 TD-SCDMA 产业，其他两大 3G 标准早已起步多时。产业生态相对成熟的 WCDMA 在全球拥有 284 个商用网络，cdma2000 则拥有 106 个商用网络。

只有真正被扔入竞争激烈的市场，所有参与、关心我国 3G 技术发展的人们才深刻地认识到：这不是简单的技术竞争，而是全方位的产业链竞争；我国相比发达国家，落后的不仅仅是技术，还有产业链的整体实力和核心环节的关键人才。

创新中遇到的问题，还得继续在创新中解决。

基站建设怎么就那么难

相比 2G，3G 的基站更加密集，基站选址的难度翻倍增长。

　　曾经，移动通信是稀缺资源，基站密度也不算大，社会大众对信息畅通的渴求超越了其他需求，移动通信的基站选址遭遇"人为"阻挠的情况并不多。但是，随着移动通信成为必需品，大众生活水平逐渐提升，情况悄然发生了改变。

　　首先，城市快速扩张，城市密度越来越大，基站可选站址日益受限。其次，社会大众环保意识增强，但受到"民科"（那些并不具备专业知识的、所谓的民间科学爱好者）的影响，老百姓将"基站辐射"严重妖魔化，视基站如"垃圾站"，人人需要却又人人避之不及。而且，TD-SCDMA 基站的天线相对较大，十分引人注目，比起 cdma2000 和 WCDMA 的基站，更难"上楼"。有时，基站施工人员刚刚装好架子，就被附近的老百姓发现了，"赶走，还算是客气的"。

　　"基站不是垃圾站！3G 通信基站是符合环保要求的，不存在辐射影响人体健康的问题。"尽管环保部门和通信管理部门屡次澄清，但是误会已形成，很多居民一时还难以接受这一"事实"，破坏基站、阻挠建设甚至殴打通信员工的事件时有发生。这一情况在 TD-SCDMA 大批量建网之时尤为严重，成为 TD-SCDMA 发展的一大瓶颈。

　　据时任北京移动总经理的何宁回忆，当时北京移动一年召开TD-SCDMA 建设协调会议就超过 120 次，平均 3 天一次，其中多数是研究如何解决居民阻挠施工的问题。2009 年，我国共新建 TD-SCDMA 基站 8 万个，其中选址、建设之复杂和艰辛，唯有亲历者方能体会。

　　其实，基站建设这个难题，一直没有很好的解决办法，4G 基站建设之初也遭遇了同样的困境，直到人们开始对"基站辐射"有了更深的认识。

▶ 小知识

基站、手机辐射究竟有多可怕？

"基站辐射"究竟有多可怕呢？我们在这里普及一下关于基站和手机辐射的知识。

人们害怕辐射，首先我们要搞明白到底什么是"辐射"。

能量以波或粒子的形式从其源发散到空间，就叫辐射。换句话说，辐射就是物体向外传送能量。例如，光辐射、热辐射都属于辐射。辐射是一个中性词，而非贬义词。在我们的生活中，辐射是时刻存在的，并不是全部有害。一部分辐射是大自然本身就有的，也有一部分辐射是人类制造出来的。

大自然辐射，最典型的就是太阳发光发热。太阳就是一个场源。而人类制造的辐射大部分和电有关。电是我们生活中不可或缺的一部分，只要有电在传输，就会产生相应的电场和磁场，产生电磁波。

电磁波是一种辐射，包括电灯的灯光、Wi-Fi 路由器的信号、无线广播等，全都是辐射。根据频率的不同，电磁波可以分为光波和电波。通过下面这张图，我们可以看出光波的频率比电波高。光波中，频率由低到高，分别是红外线、可见光、紫外线、X 射线、γ 射线。

在同等条件下，电磁波的频率越高，它的能量就越大，换言之，它的辐射强度也就越大。

根据电磁波频率的不同，电磁辐射又分为电离辐射和非电离辐射。其中，波长小于 100 nm 的电磁辐射，也就是频率在 3×10^{15} Hz 以上的电磁辐射，称为电离辐射。

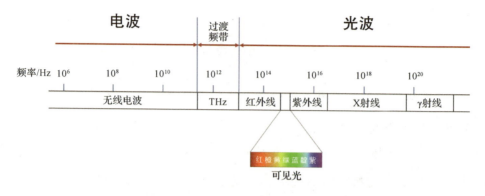

电磁波波谱图

当心电离辐射
Caution, ionizing radiation
电离辐射警示标

真正会对人体造成伤害的，是电离辐射，如 X 射线、γ 射线。

电离辐射并不是只有坏处，主要看它的剂量。合理地使用适当的剂量，就不会造成伤害。例如我们在医院体检时使用的 CT、X 光，辐射剂量都被严格限定在安全剂量之内，按规则操作是非常安全的。

那么，非电离辐射有没有危害呢？非电离辐射的频率比电离辐射低得多，它的单位面积上的能量也比电离辐射小得多。无线通信使用的电磁波频率低于 10^{12} Hz。移动通信属于无线通信的一种。目前使用的电磁波频率主要为 600 ~ 4000 MHz。这个频率离电离辐射还差十万八千里呢。

那么，基站的辐射到底有多大呢？基站分为宏基站和微基站。室外看到的那种大型的、带有板状天线的基站是宏基站。正常情况下，一个宏基站的功率是 40 W，距离基站 10 m 处的功率密度大约是 3.18 μW/cm²。

为了加强电磁环境管理，保障公众健康，我国于 2014 年对《电磁辐射防护规定》和《环境电磁波卫生标准》进行整合修订，出台了《电磁环境控制限值》，并于 2015 年 1 月 1 日起正式实行。根据该标准，通信频段功率密度应小于 40 $\mu W/cm^2$。

实际应用中，因为考虑到信号叠加，我国的电信运营商通常会将基站的功率密度控制在 8 $\mu W/cm^2$ 以内。我国这一标准远远低于其他国家或地区的标准（欧美和日本的标准为 450 ～ 600 $\mu W/cm^2$），是非常严格的。

40 $\mu W/cm^2$ 到底有多大呢？相当于光照强度的 1/2500。

显而易见，基站辐射对人体的影响是微乎其微的。

那么，手机会造成辐射危害吗？相比基站来说，手机对人体的辐射其实要稍微大一些。原因很简单，虽然手机的发射功率（几毫瓦）明显小于基站，但是手机离人体的距离较近。

手机电磁辐射还有一个特点，那就是信号越弱，辐射反而越大。因为手机本身设计的原因，当基站覆盖信号较弱时，为保证通信正常，手机会加大自身天线的发射功率，辐射也随之增加，当然，耗电量也随之增加。这就是在信号比较差的地方时，手机电量消耗得很快的原因之一。手机的辐射远远小于家里的各类电器，例如微波炉、吹风机，甚至电视机。

为了更清晰地说明辐射问题，这里澄清几个有关手机辐射的谣言。

谣言 1：手机只剩一格电时辐射是平时的千倍。

真相：手机辐射强度一般是指手机的发射功率，它与手机的剩余电量没有任何关系，但和手机信号的强度有一定的关系。一般来说，手机信号越弱，辐射越大。上述谣言的始作俑者应该是混淆了手机"一格电"和"一格信号"这两种情况。

谣言 2：楼顶有基站，楼内辐射大。

真相：基站的电磁辐射主要来自天线。而天线传播信号是有方向性的，基站正下方辐射最小，再加上建筑材料的阻隔，电磁辐射的衰减非常大。安装有通信基站的楼宇是安全的。

手机终端的设计和制造才是"老大难"

如果说基站建设是难啃的"硬骨头"，那么手机终端的设计和制造才是真正的"老大难"。

当时，TD-SCDMA 产业链中，网络系统设备产业相对成熟，而终端产业相比 WCDMA、cdma2000 则非常薄弱。我国的手机终端产业，历经代工、贴牌，始终未能掌握手机芯片、核心软件等关键技术，一直处于中下游水平。虽然国内厂商曾在终端领域发力，但结果不尽如人意。

一位业内人士坦言，2008 年进行友好用户测试时，中国移动采购的 TD-SCDMA 终端有三成质量不合格，终端投诉占比高达 40%。

TD-SCDMA 作为我国自主创新的技术，要从零开始研发一种全新制式的手机终端产品，终端制造商要承担的风险可想而知，产业链出现了各方相互观望的尴尬局面。

面对终端量少质低、产业链信心不足、国外巨头互相观望、国内厂商举步维艰的情况，非得砸下真金白银不可。

2009 年 3 月 13 日，中国移动正式启动"TD-SCDMA 终端专项激励资金联合研发项目"招标，5 月 17 日的签约结果显示，摩托罗拉、三星、LG、中兴、华为、宇龙、多普达、新邮通、海信共 9 家手机厂商和展讯、联芯、天碁 3 家芯片厂商中标。中国移动投入 6.5 亿元，同时带动合作厂商的投入，总计为 TD-SCDMA 终端产业链注入超过 12 亿元的研发资金。

这一举措在我国开创了运营商与终端、芯片厂商"联合研发"的先例。当时，在金融危机影响蔓延的紧要关头，这笔 6 亿多元的大手笔出资给一直担心财务压力的终端产业链注入了新的活力，有力提振了整个产业链对 TD-SCDMA 发展的信心和决心。

此外，中国移动推出"2G 与 3G 终端定制联动、TD 终端产品库、TD 专项激励资金、全网包销深度定制"四大激励举措，以深度合作引导 TD-SCDMA 手机产业链的成熟完善。

7 个月后的 12 月 17 日，中国移动启动的"TD-SCDMA 终端专项激励资金联合研发项目"瓜熟蒂落，首批 11 款 G3 手机在北京发布，工信部副部长娄勤俭以及 TD-SCDMA 产业链代表等近 300 人出席了发布会。娄勤俭在致辞中指出，中国移动与厂商的联合研发投入，有效加快了 TD-SCDMA 终端产品化进程，特别是中国移动"联合研发"的创新合作模式积极促进了运营业、制造业的良性发展和共赢，这 11 款 G3 手机正是这一创新合作模式的优秀成果，体现了中国移动在业界领先的创新力。

到 2012 年，TD-SCDMA 终端总数已超过 900 款，在库终端产品中，手机终端有 371 款，设备终端有 531 款。产品不仅在性能方面稳步提升，在外观、工艺、体验等方面也不断强化，但是必须承认，相比其他制式的终端，还是有一定的差距。

组网出现新难题

曾经，"关键时刻信赖全球通"这一广告语在人们心中留下了深刻印象，中国移动也一直以优质的网络覆盖与接通质量而自豪。然而，TD-SCDMA网络商用后，中国移动的网络投诉居高不下，TD与2G网络的融合问题重重。

为提升TD-SCDMA网络质量，中国移动创新地提出了"TD/2G融合"的发展思路和"三不三新三融合"的组网策略。"三不"是指2G用户在"不换卡、不登记、不换号"的情况下，只需更换一部TD手机即可同时使用2G现有业务和TD特色业务。"三新"即"新机制、新标准、新测量"，是提高TD与2G网络切换和重选质量的全新规范。"三融合"即"网络融合、业务融合、应用融合"。

这些创新策略后来不仅成为中国移动遵循的企业标准，也被国内乃至全球同行广泛借鉴，其中"三新"标准还上升为行业标准和3GPP国际标准。

与此同时，中国移动每年在全国开展"TD网络质量大会战"，有效发现并解决了远距离覆盖技术、双极化智能天线等一系列影响TD-SCDMA发展的问题。中国移动不仅在2年内完成了3年的网建规划，而且网络质量大幅提升。中国移动技术部总经理王晓云介绍说："新策略实施后，全国TD网络覆盖区域内平均掉话率降低至0.31%，无线接通率提升至99.4%，切换成功率提升至98.2%，各项核心指标已达到甚至超过2G和其他3G通信系统的水平。"

用户的选择是检验TD-SCDMA市场化成果的重要标志。到2012年，

TD-SCDMA 用户数不仅占据我国 3G 用户数的 40%，而且达到中国移动总用户数的 10%。"从技术到标准化，从标准到产业化，从产业到市场化，TD-SCDMA 发展的每个阶段都贯穿着创新精神。TD-SCDMA 网络实现了从标准化到市场化的成功跨越，用 3 年半的时间走了欧美运营商 12 年所走的路。"中国移动副总经理李正茂总结道。

鼎力支持，大道恢宏

古语云："积力之所举，则无不胜也；众智之所为，则无不成也。"对于 3G 建设这样一项投资大、任务重、涉及广的复杂系统工程，社会各界给予了鼎力支持。

2009 年 1 月 14 日，在北京小汤山中国移动管理学院，一场有关如何推进 TD-SCDMA 发展的讨论正在热烈地进行着，这是中国移动 2009 年工作会的一项重要议题。就在此时，时任中国移动江西公司总经理的简勤（现任中国移动副总经理）接到了一个电话，省委有关部门通知，近期党和国家领导人将前往江西移动公司调研 3G 发展情况。而这天距离 1 月 7 日 3G 发牌刚刚过去一个星期。

1 月 26 日，农历大年初一。时任中共中央总书记的胡锦涛来到了中国移动江西公司客户服务呼叫中心，看望和慰问节日期间坚守工作岗位的移动员工。胡锦涛总书记十分关心我国 3G 的发展情况，特别是我国具有自主知识产权的 TD-SCDMA。视察中，他多次询问 TD-SCDMA 的发展情况。胡锦涛总书记还非常关注 3G 手机的技术开发、手机用户数的增长以及 2G 与 3G 的融合发展情况。当得知 3G 商用后用户无须更换 SIM 卡和号码时，他露出了欣慰的笑容。胡锦涛总书记一边询问，一边拿起 TD-SCDMA 手机体验 3G 视频业务，当看到对端的工程调测人员的图像时，他点点头，称赞"图像很好"。

在视察中，胡锦涛总书记强调，3G 牌照已经发放，TD-SCDMA 系统已经提前开通，产业链日趋成熟，移动网络上了一个新台阶，但任何系统的完善都有一个过程，关键是服务。他希望中国移动高度重视自主创新，在技术研发水平上台阶的同时，不断开发创新业务，不断提升服务水平，只有这样，才能更好地为广大人民群众服务，企业才有竞争力。

时任国务院总理的温家宝一直给予 3G 建设殷切关怀。2009 年 4 月 20 日，温家宝总理在参加博鳌亚洲论坛年会后来到中兴深圳总部，考察企业在全球金融危机冲击下的运行状况，特别了解了中兴在我国 3G 建设中的发展情况，还通过中兴 TD 手机进行了 3G 视频通话，并对音像效果表示满意。8 月 7 日，温家宝总理在中科院无锡高新微纳传感网工程技术研发中心考察时，再次指示，要把传感系统与 3G 中的 TD-SCDMA 技术结合起来，在国家重大科技专项中加快推进传感网的发展。

时任国务院副总理的张德江也多次听取 3G 建设相关工作的汇报，要求有关部门在政策上全力支持 3G，特别是 TD-SCDMA 的发展。他强调，发展 TD-SCDMA 是国家战略，体现了国家意志，不能动摇。2009 年 4 月 16 日，他专程前往中国移动北京分公司考察，要求各地区、各有关部门要坚定不移地支持 TD-SCDMA 发展，加大政策扶持力度，积极为 TD-SCDMA 营造良好的发展环境，"切实把 TD-SCDMA 做实做大做强！"在当年的国际通信展期间，张德江副总理还来到中国电信、中国移动、中国联通、TD 产业联盟等的展台，详细了解了我国 3G 的发展情况。

历经 10 年酝酿，我国 3G 蓝图才在金融危机的大背景下慎重起笔，其所背负的责任与期望厚重而神圣。特别是我国自主创新的 3G 技术 TD-SCDMA，更牵动着党和国家领导人的心。来自高层的亲切关怀与殷切期望，不仅体现了党中央、国务院对 3G 特别是 TD-SCDMA 的发展的高度重视，同时也体现了党和国家对自主创新国家战略的坚定决心。

各相关部委和各级党委政府也对我国的 3G 技术给予了大力支持。

2009 年 1 月，工信部、国家发展改革委、财政部、国资委（国务院国有资产监督管理委员会）、科技部等部委制定了支持 TD-SCDMA 发展的 6 大项 15 小项扶持政策，内容涉及财政支持、项目支持、网络建设、产品研发、业务应用、行业管理与服务、产业发展等 30 多个方面。五部委此次发文在通信行业以及社会各界产生了深远影响，再次明确了政府层面对国产 3G 标准 TD-SCDMA 的大力支持。作为行业主管部门，工信部统筹推进 3G 和 TD-SCDMA 发展工作，通过明确任务、责任和关键时间节点狠抓工作落实，将 TD-SCDMA 产业链研发和完善纳入电子信息产业发展基金、软件和集成电路产业发展专项资金、核高基（核心电子器件、高端通用芯片及基础软件产品）、自主创新和高技术产业化资金、产业结构调整指导目录等支持范围；积极推动 TD-SCDMA 发展规划、网络建设、网络优化等工作；先后出台了支持 TD-SCDMA 和 3G 发展的资费、频率、码号、型号核准、设备入网、服务质量、结算、互联互通、共建共享、信息化推进等政策，为 TD-SCDMA 的发展营造了良好的环境。

2009 年 2 月 5 日，全国第一份省级政府支持 TD-SCDMA 建设运营的文件在内蒙古自治区出台。内蒙古自治区人民政府办公厅正式下发《关于大力支持中国移动 TD-SCDMA 建设工作的通知》，要求区内各级地方政府、部门、有关企业将 TD-SCDMA 发展纳入本地区和部门发展规划纲要，全力推进 TD-SCDMA 在内蒙古自治区的建设和运营。

随后，全国各地支持 3G 尤其是 TD-SCDMA 发展的文件和举措纷纷推出，为我国 3G 的发展注入了强劲动力。与此同时，各级政府还着眼未来，与三大电信运营商签订了总金额近 3 万亿元的战略合作协议，而协议内容无不与 3G 发展相关。

共同的目标、共同的愿望、共同的责任，把所有关注 3G、关心 TD-SCDMA 的人紧紧联系在了一起。从党中央到国务院，从各部委到各省（区、市），一项项支持政策、一个个促进举措、一句句铿锵承诺，推动我国 3G 网络建设取得了令人瞩目的成绩。而 3G 的建设和发展，对有效应对国际金融危机和扩内需、保增长、调结构、促就业、惠民生发挥了积极作用。

当年，如果没有来自方方面面的默默支持，没有 3G 时代的磨砺，何谈后来 4G 的同步、5G 的局部领先？

4.5 移动互联网时代揭幕

3G 牌照发放后，我国信息通信业掀起了近 30 年"最猛"的一次建设高潮。

仅 2009 年，3G 网络建设投资就达 1609 亿元，建设基站 32.5 万个，发展 3G 用户超过 1500 万户，基本实现主要城市和东部发达地区的 3G 网络覆盖，有力带动了系统设备、终端芯片、测试仪表等产业的发展。华为、中兴等企业在金融危机大背景下实现逆势增长（据统计，2009 年，全球移动通信设备市场交易额较上年下滑了 8.2%，而这也是近 5 年来的首次下滑。同年，华为、中兴的销售收入增幅均达到 30% 左右），架构于 3G 网络基础之上的政务、商务、文娱、社交等移动互联网应用开始萌芽、成长。

中国信息通信研究院的统计数据显示，2009 年，3G 间接拉动我国国内投资近 5890 亿元；带动直接消费 364 亿元、间接消费 141 亿元；直接带动 GDP 增长 343 亿元，间接带动 GDP 增长 1413 亿元；直接创造就业岗位 26 万个，间接创造就业岗位 67 万个。

2010 年，随着 iPhone 手机的大量引入，"3G+ 智能终端"的化学反应真正刺激了我国移动互联网产业的发展，3G 网络的价值开始真正得以体现。

随后，2011 年成为 3G 发展的分水岭。WCDMA 网络的优质体验，加之人气智能终端的快速普及、创新又接地气的市场策略，中国联通的 3G 用户数增长十分迅猛。2011 年上半年，中国联通收入增长超过行业平均水平，主要就得益于 3G 业务的带动。同期，中国电信 cdma2000 制式的 3G 网络也实现了赢利，比预期提前了半年。而中国移动运营的 TD-SCDMA 则因为终端产业链的瓶颈，发展略显滞后。

iPhone 创造的全新商业模式很快被推广，安卓智能手机后来居上，2011 年上半年的市场份额跃居全球第一。越来越多的创业者推出了数以百万计的创新 App，移动互联网呈现一片繁荣景象。同样是 2011 年上半年，我国手机网民规模达 3.18 亿户，手机用户使用移动互联网的比例达到 38%，高于美国的 27%，我国成为当之无愧的移动互联网大国。同样是在这一时期，微博实现大爆发，成为移动互联网应用的领军者。我国的微博用户数从 2011 年初的 6311 万快速增长到 1.95 亿，半年增幅高达 208.9%，在网民中的使用率从 13.8% 跃升至 40.2%，其中手机微博 App 功不可没。

2011 年，3G 不仅改变了人们的信息生活，也改变了整个信息通信业的格局。8 月 15 日，一条爆炸性新闻点燃了全球 ICT 产业：互联网巨头谷歌豪掷 125 亿美元收购手机巨头摩托罗拉移动。由此，一代豪杰黯然告别曾经叱咤风云的通信江湖。

在 3G 开启的移动互联网时代，摩托罗拉、诺基亚、朗讯、北电网络、西门子等一大批 2G 时代曾经享誉世界的老牌名企，逐渐走向没落；苹果、谷歌、Facebook、Twitter、腾讯、阿里巴巴、百度等一批产业新贵，则在 3G 时代强势崛起。

4.6 砸下几千亿元值不值？

作为我国自主创新的 3G 通信技术标准，TD-SCDMA 无论在研发时间、技术成熟度、产业链支撑还是国际市场应用层面，都无法与 WCDMA、cdma2000 技术标准相比。然而，发牌不到两年时间，TD-SCDMA 用户数突破了 2000 万户，3 年突破 5000 万户，4 年突破 1 亿户，占全国 3G 用户总数的比例超过 40%。2013 年，TD-SCDMA 进入爆发式增长阶段，用户数以每月近千万户的速度增长，并于 2014 年 1 月突破 2 亿户，超额完成了国内市场"三分天下有其一"的原定目标，初步实现了 TD-SCDMA 在我国市场的成功运营。

这样的成绩单是中国移动在巨额的投资下给出的。据统计，2009 年至 2012 年，中国移动对 TD-SCDMA 的总投资达到 1945 亿元。有人测算过，如果中国移动采用 WCDMA 标准，达到同样的网络规模，投资金额将会减半。

中国移动这近 2000 亿元到底用到了哪里？

用于拉动 TD-SCDMA 系统设备、芯片、终端、仪表等全产业链的快速发展，而这些产业的厂商基本是国内厂商。

然而，作为我国百年通信史上首个自主创新的国际标准，TD-SCDMA 还有很多不完善的地方，也有人发出质疑：中国移动砸下了重金作为"学费"，到底值不值？

值不值，下面这一组组数据就足以说明问题。

据测算，TD-SCDMA 运营、终端、芯片、系统设备、仪表等产业各方合计直接拉动 GDP 增加 612 亿元；通过产业关联效应，间接带动国民经济其他行业增加产值 1768 亿元；通过网络投资、业务运营和聚合业务开发企业，TD-SCDMA 产业直接创造就业岗位超过 43.1 万个。

1G 时代，我国发展了 60 多万移动电话用户，仅向国外公司购买设备就支付了 2500 亿元，2G 时代达到近万亿元。而在 3G 时代，随着 TD-SCDMA 用户规模的扩张，相比其他 3G 标准，我国终端制造企业可节约的专利许可费支出就达到数十亿美元。而这些仅仅是 TD-SCDMA 产业化价值的冰山一角。

事实上，我国欢迎有实力的外资企业参与 TD-SCDMA 的发展，共同壮大 TD 生态圈。但是，这些企业还是对我国的创新技术缺乏信心，怕巨额投资血本无归。这种判断从商业角度完全可以理解，由此，我国的通信企业勇担起了参与研发 TD 设备的重任。

出乎意料的是，到 2012 年时，TD-SCDMA 的经济总量已超过 4300 亿元，相当于 2011 年我国 GDP 总量的 1%。

TD-SCDMA 的发展不仅为我国通信行业带来了巨大经济效益，而且加快了通信企业由"中国制造"向"中国创造"提升的步伐。

在中国工程院院士邬贺铨看来，自主创新不是一个科学范畴的名词，而应纳入经济学范畴，自主创新唯有产生经济效益和社会效益才有价值，因此实现从标准引领到产业引领才是我国大力推进自主创新的最终目标。在 TD-SCDMA 的产业化进程中，我国的通信企业不仅在运营、制造环节发挥了积极作用，而且在终端、芯片、仪表等领域崛起，一些由国外通信企业独领风骚的领域开始出现我国通信企业的身影。可以说，正是由于 TD-SCDMA 的推进，一条由我国通信企业参与并主导的 TD-SCDMA 完整通信产业链开始形成，不过这个产业链的力量还比较薄弱。

数据显示，TD-SCDMA 运营的第 5 年，我国本土企业已占据了 TD-SCDMA 市场 80% 以上的市场份额，而在 2G 时代，本土企业的市场占比仅为 20%。

正是在 3G 时代，我国测试仪表市场开始改变完全依赖国际厂商的局面，我国仪表制造厂商在 TD-SCDMA 市场的份额接近 90%，打破了国际厂商对高端通信仪表的垄断局面，首次实现高端通信测试装备出口。

在位于产业链高端的 TD 终端芯片领域，我国产业界更是实现了质的飞跃。2012 年，TD-SCDMA 终端芯片出货量已超过 1 亿片，市场份额从零发展到超过 50%。

自主创新是科技发展的灵魂，是一个民族发展的不竭动力，是支撑国家崛起的筋骨。很多时候，我们并不缺乏自主创新的胆识和魄力，而是缺乏对创新规律的把握和遵循，缺乏转化创新成果的实践和经验。

最值得关注的是，TD-SCDMA 的发展包含了标准、知识产权、核心技术、产业链等方面的创新，其价值不仅体现在带动了通信行业的发展，促进了我国高科技产业核心竞争力的提高，更重要的是，其聚集全产业形成的立体化、系统化、科学化创新模式，为我国科技自主创新探索出了一条有益路径。

对于 TD-SCDMA 的真正价值，人们在 4G 时代会有更深刻的理解。

4.7 "独角戏"没有未来

从 2009 年初 3G 发牌，到 2013 年 4G 正式商用，5 年间，3G 在中国从一个技术概念变成了与经济社会发展和普通百姓生活息息相关的通信服务。这 5 年，3G 改变了移动互联网，重构了信息通信业格局，也让信息通信应用更加丰富多彩。

一组数据能让你直观地感受到 3G 在我国的发展速度。

2011 年 9 月，3G 渗透率突破 10%，即每 10 个移动电话用户中就有一个 3G 用户，市场进入规模化增长期；2011 年底，全国 3G 用户总数突破 1 亿户；2012 年底，3G 渗透率突破 20%，市场进入成熟期。终端和应用都极大丰富，手机上网成为潮流，3G 服务深刻影响了消费者的生活；2013 年底，3G 用户总数突破 4 亿。

2013 年底，我国移动互联网流量达到 132 138.1 万吉字节，与 2009 年的 11 789 万吉字节相比，增加了约 10 倍，流量呈现爆炸式增长。随着

3G 网络的广泛覆盖和智能手机的快速普及，特别是在苹果 App 模式的创新带动下，移动互联网应用在 3G 时代增长迅猛，移动支付、位置服务、即时通讯等软件深入国人的工作和生活。而移动互联网新型模式的激增，也给传统通信行业带来了极大冲击，"去电信化"成为潮流。

而这 5 年，移动通信市场的格局也发生了巨大变化。

运营 TD-SCDMA 的中国移动，收入份额占比不断降低，运营 cdma2000 的中国电信和运营 WCDMA 的中国联通，收入份额占比不断增长。有人评论，曾经 2G 时代"一家独大"的中国移动，正是被 TD-SCDMA 拖了后腿。但是也有人分析，我国的移动通信市场因此更为均衡了，基本实现了第三次电信重组的目标。

不必评论这些看法。但有一点，我们必须承认，作为国际标准的 TD-SCDMA，全球有且只有中国移动一家企业"孤独"运营，并没有走出国门，实现全球化的推广和应用，这说明我国拥有自主知识产权的 3G 标准并没有做到实质意义上的国际化。

这一缺憾，会在 4G 时代得到弥补吗？

尾声

3G 时代是一个分水岭，是一座里程碑。

正是在这一时期，我国的移动互联网产业开始萌芽并迅速壮大，一举摆脱了 PC 互联网时代落后的局面，终于与全球领先企业基本站在了同一起跑线上。

正是在这一时期，我国实现了百年通信史上"零的突破"，在全球高科技领域发出了响亮的"中国声音"，我国也首次建立了完整的移动通信产业体系。

　　正是在这一时期，我国从世界高科技的分享者、受益者，首次变身为贡献者。我国主导的 TDD 模式，因为对频谱资源的更高效利用、对移动互联网应用的更灵活支撑，成为全球移动通信技术发展的主流方向。

第五章

惊艳 4G，改变生活

引子

如果说 3G 打开了移动互联世界的大门，那么 4G 则真正让我们领略到了移动互联网令人惊艳的魅力。用手机刷微博、逛淘宝、点外卖、看导航、发朋友圈、下载电视剧……今天这些我们习以为常、司空见惯的生活和工作习惯，即使在 3G 时代也是难以想象的。

正是速率比 3G 技术快了几十倍的 4G 技术，让小小的手机变得无所不能、神通广大。也正是得益于移动通信行业在标准、网络、设备、应用等领域的实力"硬核式"提升，我国移动通信技术及产业实现了从跟随、模仿到同步世界的历史性跨越，亿万手机用户受益匪浅，千万移动互联网企业成长壮大。

5.1　4G 上演"三国演义"

2004 年，就在我国百年通信史上第一个拥有自主知识产权的国际标准——TD-SCDMA 逐渐在 3G 时代崭露头角的同时，国际同行看准"宽带移动化、移动宽带化"的大趋势，已经将目光投向速度更高、应用场景更丰富的"准 4G 技术"与下一代移动通信标准。

通信标准的争夺，从来就是一个江湖，一个充满刀光剑影的复杂江湖。

此时，"准 4G 技术"领域，三大门派称雄，激战正酣。

WiMAX：IT 界杀来的"黑马"

对 3G 的挑战，首先来自 IT 阵营的"黑马"——WiMAX。

WiMAX（World Interoperability for Microwave Access，全球微波接入互操作性）是由 IEEE（Institute of Electrical and Electronics Engineers，电气电子工程师协会）提出的宽带无线接入技术，是 IEEE 802.16 标准系列的总称，包含固定和移动两大类标准。WiMAX 与 WCDMA 等 3G 技术同期出现，由于其率先采用了两项先进的底层技术——OFDM（Orthogonal Frequency Division Multiplexing，正交频分复用）技术和 MIMO（Multiple-Input Multiple-Output，多输入多输出）技术，其数据传输速率数倍于同期其他技术，达到了 ITU 提出的 4G 技术的相关性能指标。而且，WiMAX 还具有传输距离远、扩展性好、服务质量高等优势，其传输距离最远可以达到 50 km，单基站覆盖范围是 3G 基站的 10 倍，一般城市只需建设几个基站就能实现全区域覆盖。由此，WiMAX 也引发了移动通信领域与 IT 领域两大技术阵营的对抗赛。

作为宽带移动化的典型代表技术，WiMAX 在美国的拥趸和主要推动者是以英特尔、思科领衔的 IT 厂商。以英特尔为首的 IT 大鳄试图通过 WiMAX 进入移动通信领域，因此对 WiMAX 的推广不遗余力。英特尔借助在笔记本终端领域无人可比的市场优势，首推"所有应用英特尔芯片的笔记本都预装 WiMAX"的战术，铺平了 WiMAX 进入消费者终端的道路。2004 年，WiMAX 相关标准化工作进展迅速，产业化势头相当迅猛，相继在美国芝加哥、巴尔的摩、达拉斯建起了 3 张网络。

美国创新和制造能力非常强，但是其本国市场难以满足产业扩张的胃口，因此，美国素来推行的是"以 IT 技术和产品攻占全球市场"的战略。正是基于这一国家战略，美国政府竭力支持 WiMAX 开疆拓土，向全球推广。

WiMAX 这一匹从 IT 业杀入通信业的"黑马"，给原本已有多种标准共存的移动通信市场带来了强烈冲击，尤其对以传统电信运营商、设备制造商和其他通信企业为主组成的 3GPP 带来了实质性的影响。

LTE："准 4G"迎风而上

WiMAX 的汹汹来势，给欧洲主导的传统通信行业带来了前所未有的挑战，更引起了此前占领统治地位的行业技术标准联盟 3GPP 的警觉。

3GPP 作为全球最成功的移动通信标准 GSM 和 WCDMA 标准的制定者，此前，总是以"一直被追赶，从未被超越"的从容心态，按部就班地推进着 3G 标准的升级工作。WiMAX 的闯入打乱了 3GPP 的节奏，使其意识到必须尽快建立一个符合"宽带移动化、移动宽带化"要求的新标准，来与 WiMAX 抗衡！

2004 年 12 月，3GPP 正式设立了 LTE 项目，即 Long Term Evolution，直译就是"长期演进"。因为当时大家都认为，3G 搞了 15 年才初见成效，未来 3G 还会在很长一段时间里存在并发挥作用，所以当时并未把创新的方向和目标明确地命名为 4G，而是称其为 3G"长期演进"。

LTE 由欧洲主导，它沿着 GSM、WCDMA 的路线演进而来，同时吸取 WiMAX 技术的优势，采用了 OFDM 和 MIMO 等关键技术。名义上，LTE 是 3G 的演进，但事实上，它对 3GPP 整个体系架构进行了颠覆性的变革，逐步趋近于典型的宽带 IP 网络结构。

3GPP 提出的 LTE 主要性能目标包括：在 20 MHz 频谱带宽能够提供下行 100 Mbit/s、上行 50 Mbit/s 的峰值速率；改善小区边缘用户的性能；提高小区容量；降低系统延迟，用户平面内部单向传输时延低于 5 ms；支持 100 km 半径的小区覆盖；能够为 350 km/h 高速移动用户提供大于 100 kbit/s 的接入服务；支持成对或非成对频谱，并可灵活配置 1.25 ~ 20 MHz 多种带宽。

如此一来，与 3G 相比，LTE 标准中的网络峰值速率、传输时延、同时在线用户数等系统性能有了极大的提升，几乎与 ITU 提出的 4G 技术要求相当。因此，后来欧美、日韩等国的企业商业运营时，直接将 LTE 称为 4G 技术。

三雄逐鹿，提速 4G 进程

在 3GPP 推出 LTE 的同时，3GPP2 则推出了 UMB（Ultra Mobile Broadband，超移动宽带）标准。与 LTE 的演进路线类似，同样流淌着通信业血液的 UMB 沿着 cdma2000 系列标准演进而来。同 LTE 一样，UMB 也采用了 OFDM/OFDMA（Orthogonal Frequency Division Multiple Access，正交频分多址）技术作为物理层的核心技术，不同的是 LTE 不再支持 CDMA，而以拥有 CDMA 基础技术知识产权的高通为主导的 UMB 阵营，为了保持良好的兼容性，仍然支持在总带宽中分出一部分带宽来支持 CDMA。

由于技术标准的演进关系到每个产业环节的切身利益，对抗与融合成为每部标准化"大片"的必备桥段。在各方技术力量、市场利益的博弈下，"准 4G"三国——WiMAX、LTE 和 UMB 很快不宣而战。

2005—2007 年，以爱立信等欧洲厂商为代表的 LTE 阵营、高通领衔的 UMB 阵营、英特尔鼎力支持的 WiMAX 阵营展开了激烈的标准竞赛。

早在 2005 年，WiMAX 就发布了相关的标准，不仅有英特尔等 IT 厂商的力挺，而且还吸引了通信阵营一些厂商的加盟和支持。2006 年，北电网络宣布将其 3G 业务出售给阿尔卡特，并全面向 WiMAX 技术转型。随着 GSM 市场竞争的不断加剧，摩托罗拉受到全球 CDMA 市场萎缩的影响，也于 2006 年宣布将重点研究 WiMAX 等下一代无线通信技术。英特尔更是全力押宝，将 WiMAX 作为进军通信领域的一把利器，并积极在全球部署 WiMAX 试验网。

为了加快推进 WiMAX，英特尔等厂商不惜重金在欧洲竞拍频谱，特别是 2.6 GHz 的频谱，并在 2007 年世界无线电通信大会上全力推动，最终统一了全球 TDD 频谱。到 2007 年底，WiMAX 已在全球多个国家和地区搭建了数百张网络，可谓发展得顺风顺水。

美国 WiMAX 的一路高歌猛进给欧洲 LTE 阵营带来了极大的压力。为了追赶 WiMAX 的步伐，LTE 阵营也制定了相当激进的标准化时间表，整个工作计划被压缩在两年半内完成。但事实证明，即使全力以赴，该计划也难以实现。LTE 研究阶段原定于 2006 年 6 月完成，最终延迟了 3 个月；工作阶段原定于 2007 年 6 月完成，最终推迟到当年年底。

同期，UMB 标准的步伐却十分稳健。3GPP2 于 2007 年 4 月发布了 UMB 标准的 1.0 版本，随后于当年 8 月发布了 2.0 版本。

时任中国移动总经理的王建宙在一次国际会议上曾经幽默地说"LTE"应当改为"STE"，引起全场会心大笑。从"Long Term Evolution"到"Short Term Evolution"，"长"与"短"一字之差形象地反映了当时全球 4G 箭在弦上的态势。

5.2　标准背后的博弈

2005 年底至 2007 年初，"三雄逐鹿"结果初见端倪，隶属 UMB 演进路线的 CDMA 阵营出现了数家运营商的"逃离"——分别转投 WiMAX 和 LTE。由此，UMB 最先出局，4G 技术竞争舞台形成了 LTE 和 WiMAX 两强对决的竞争态势。

群雄并举，剑拔弩张。面对 4G 技术的激烈角逐，刚刚涉足 3G 产业化进程的中国通信行业怎么办？

超前的战略抉择

"标准之路，从来不易，特别是在以通信技术为代表的高科技领域。当时，我们是喜忧参半。"一位标准专家如是感叹。喜的是，LTE 和 WiMAX 的两强相争中，我国拥有自主知识产权的相关 TDD 技术成为两大阵营角逐的一个交汇点；忧的是，两强的扩张迅速挤压了我国 TDD 技术演进的上升空间。

3G 时代，全球宽带移动通信包含 FDD（Frequency Division Duplex，频分双工）和 TDD 两种各有优势的制式。其中，TDD 技术可在非对称、零散的频谱上使用，在频谱稀缺的时代，前景看好。我国 TD-SCDMA 标准就属于 TDD 制式。

美国主导的 WiMAX 采用的也是 TDD 制式，其标准一形成，就在全球大举收购 TDD 非对称频谱，并在 2007 年统一了全球 TDD 频谱。欧洲的 3GPP 也看到了 TDD 的全球前景，在其主导的 LTE 中规划了相互融通的 LTE FDD 和 LTE TDD 两种制式。

其时，我国 TD-SCDMA 产业化专项测试才刚刚得出 TD-SCDMA 可以大规模独立组网的结论。明显的差距下，一种低落的情绪弥漫在我国通信行业中，数种声音争论不休。一些已经投资 TD 3G 研发的企业担心启动 4G 会让其 3G 投入难以回收，主张先集中精力搞好 TD 3G 的研发推广；而在 TD 3G 标准竞争中一路打拼过来的大唐电信则认为，如果不提前布局 TD 4G，TD 3G 就没有未来，因此早在 2005 年初就由大唐电信的王映民博士带领团队开展了 TD 4G 方案的研究。

在当时的行业主管部门——信息产业部看来，谁的利益都不重要，最重要的是国家的长远利益最大化！时任信息产业部副部长的奚国华意识到，严峻的现实要求我国通信行业必须兵分两路，在继续推进 TD 3G 的同时，立即启动 TD 4G 的规划部署。随后，信息产业部科技司、电信研究院、大唐电信以及中国移动等产业各方展开深入研究。

2007 年 3 月，在组织 TD-SCDMA 扩大规模试验的同时，信息产业部拍板成立 4G 推进组，由信息产业部电信研究院副院长曹淑敏担任组长，中国移动研究院副院长王晓云担任副组长。

由此，中国 4G 战略正式启动！

我是"备胎"

能否正确认识并把握全球重大技术机遇，将直接影响我国通信行业未来 10 年甚至更长远的发展格局。当年，是选择 GSM 还是选择 CDMA 的抉择如此；如今，把握 TD-SCDMA 的未来演进路线也是如此。

面对两强阵营的对垒之势，在 3G 时代已处于明显弱势的 TD-SCDMA 技术，独树一帜已无可能。TD-SCDMA 的演进之路只剩下两种选择：一是加盟 LTE 阵营，并主导其 TDD 标准；二是联合同属于 TDD 技术范畴的 WiMAX 阵营，实现基于 TD-SCDMA 的继续演进发展。

其实，早在两大阵营形成之初的 2005 年，TD-SCDMA 标准的主导企业大唐电信就在 3GPP 的技术大会上提出了继承 TD-SCDMA 帧结构和智能天线等特色技术的 LTE TDD 方案。但是，这一倡议没有得到 3GPP 阵营的响应和重视，该阵营一开始就支持另一种"与 3GPP 的 FDD 方案差异最小化"的 LTE TDD 方案。该方案的特点是 FDD 负责广域覆盖，TDD 做热点地区补充，这实际上扼杀了 TDD 独立规模组网的可能，反而对 WCDMA 阵营平滑占领更大的 LTE 市场更为有利。

尽管我国相关企业和机构做出了巨大努力，但在 2005 年第四季度召开的 3GPP 会议中，大唐电信提出的"TD-SCDMA 演进"LTE TDD 方案仅仅争取到与"差异最小化"两方案并存的结果。而且，在形成文件时，3GPP 仍坚持把欧洲厂商提出的"差异最小化"方案命名为主导的 A 方案，将大唐电信等提出的 LTE TDD 方案命名为备选的 B 方案。

在中国代表的强烈反对下，两种 LTE TDD 方案被分别改称为 Type1（模式 1）和 Type2（模式 2）。虽然中国方案由"B 方案"改名为"模式 2"，但其从属、备选的地位没有变化。

积极谋求多方合作

就在我国艰难抉择之时，WiMAX 阵营向我国这个全球最大的移动通信市场发出了积极信号。我国政府主导的 4G 推进组成立后不久，英特尔高层随即到访信息产业部，希望在我国分配给 TD-SCDMA 的频段开展 WiMAX 试验。

当时，美国的 WiMAX 和欧洲的 LTE 两强相争。在力量对比上，基于 IT 的 WiMAX 有技术优势，基于 CT 的 LTE 有市场优势。而我国拥有全球最大的移动通信市场，如果支持 WiMAX，在市场上 IT 阵营将取得优势；如果支持 LTE，CT 阵营则将占上风。

中国市场筹码的分量举足轻重！

当时，我国正在艰苦推进 TD-SCDMA，如果在 WiMAX 网络的 802.16m 标准中加入 TD-SCDMA 核心技术，实现 802.16m 与 TD-SCDMA 的兼容，无疑也是一个选择。英特尔高管的到访对我国而言，是一次重要的机会。

谈判总是从利益的焦点切入。WiMAX 标准组织在 802.16m 标准中的一项建议成为双方合作的一大障碍——"实现 802.16m 对 802.16e 的双向兼容"。这项提议直接切断了 TD-SCDMA 向 WiMAX 技术演进的可能。信息产业部科技司提出，如果美方同意在 802.16m 标准中删除该建议，将

TD-SCDMA 纳入，中国将欢迎英特尔在中国使用 TD-SCDMA 的频段建设 WiMAX 试验网。会谈气氛十分友好，双方达成初步共识，信息产业部科技司迅速组织相关专家开展技术准备工作。

在 2007 年的全国信息产业工作会议上，信息产业部部长王旭东明确要求，"中国 3G 与 WiMAX 的关系作为关系产业发展全局的重大问题之一，要抓紧进行深入研究"。

就在我国热情而真诚地探索与 WiMAX 的合作之时，在美国旧金山召开的 IEEE 会议却给参会的中国专家当头浇了一盆冷水。

会上，我国的提议，除一位英特尔的工程师支持外，无人响应！此后，在 ITU 的一次会议上，WiMAX 联盟的代表突然单方面发布了他们的演进方案。这意味着，WiMAX 联盟正面否定了我国的建议。

但是，事关我国 4G 标准的前途，我国主管部门此时并没有轻言放弃，而是继续秉着开放合作的态度，积极与 WiMAX 阵营谋求共识。

2007 年 6 月，信息产业部派科技司司长闻库去美国哈佛大学进修。闻库特意提前一天到旧金山登门拜访，和英特尔负责 WiMAX 的核心人物再次谈判。英特尔对已有方案非常坚持，但我国的底线不容突破。

1 个月后，时任信息产业部副部长的奚国华率团出访美国，参加中美电信合作高层论坛。其间，他特意从美国东海岸飞到西海岸，再次和英特尔、摩托罗拉的高层进行深入商谈。从晚上 10 点到次日凌晨 4 点，谈判胶着地进行着，WiMAX 并未计划要给 TD-SCDMA 留出发展空间。

最终，TD-SCDMA 与 WiMAX 的融合发展之路提前结束。

WiMAX 所属 IT 阵营的固执断送了一次可能的合作机会。失去了拥有巨大市场的中国这一合作伙伴，加之与隶属 CT 阵营的芯片巨头高通谈判失败，WiMAX 的产业链风雨飘摇，最终被市场逼入绝境。2009 年，全力押宝 WiMAX 的北电网络申请破产。2010 年，英特尔宣布解散 WiMAX 部门。2011 年，全球最大的 WiMAX 运营商——美国 Clearwire 公司宣布，与中国移动合作，共同推进基于 TD-LTE 的产品服务。很快，全球 400 多家 WiMAX 运营商全部倒向采用 TDD 制式的 TD-LTE 阵营，WiMAX 阵营几乎曲终人散。

这是一次全球 CT 阵营与 IT 阵营的正面交锋，更具合作意识和产业协同理念的 CT 阵营初步胜出。从此，以提供电信服务起家的 CT 产业界开始以更加开放的态度，积极吸取各种先进理念与技术，真正走向 ICT 融合发展之路。

融合是方向

鸡蛋不能放在同一个篮子里。在与 WiMAX 阵营探索合作可能的同时，我国并未放弃与 LTE 阵营的合作。

其时，全球 LTE 阵营与 WiMAX 阵营的力量对比明显失衡。不仅北电网络、摩托罗拉加盟 WiMAX，诺基亚、西门子、阿尔卡特 - 朗讯、三星等公司也开始参与 WiMAX 的研发，LTE 阵营面临集体危机，中国市场的重要性再次凸显。

2007 年 3 月，主导 LTE 标准的爱立信公司派高管到访大唐电信；9 月，大唐电信回访。几番深入沟通，双方承诺均不加入 WiMAX 阵营，并在推进 3GPP 的 LTE 标准、ITU 的 IMT-Advanced 标准上开展合作，成立"大唐 - 爱立信 LTE 联合研究中心"。随后，爱立信正式向我国伸出橄榄枝，表示只要我国的 LTE TDD 方案在帧结构上与其 LTE FDD 实现融合，爱立信将支持 TD 4G 方案成为 LTE TDD 的唯一方案。

经过缜密思考，信息产业部决策层达成共识：从技术方向上来看，通信标准全球化是方向，统一两种制式的帧结构有利于长远融合创新；从策略上来看，在非原则性问题上做出让步，加入 LTE 阵营，主导其中的 TDD 制式标准，有利于 TD-SCDMA 的持续演进发展。基于这一判断，中国 4G 推进组经过研究，最终形成"以融求进"的策略。

以融求进，目标是进，方式是融，其间难免需要一定的付出与妥协。

2007 年 10 月底的一个傍晚，信息产业部一间会议室里传来激烈的争论声。来自信息产业部电信研究院、大唐电信、中兴、华为、普天及中国移动、中国电信、中国联通等产业各方的技术专家就帧结构融合的 3 种方案正在激辩。

与 LTE 阵营的合作谈判中，中国标准的帧结构面临 3 种不同的选择方案：方案一，坚持已沦为"备胎"的 Type2 帧结构，不做改变；方案二，对原有 Type2 帧结构中的 3 个特殊时隙进行改进；方案三，在保留 TD-SCDMA 平滑升级和智能天线等技术优势和特点的基础上，将原有 Type2 帧结构的时隙分配向 LTE FDD 靠拢。当时，由于世界无线电通信大会和 3GPP 相关会议召开在即，我国必须尽快确定 4G 的抉择方案。

大唐电信的代表谢永斌依然坚持方案一，而其他与会成员则逐渐倾向于方案三。可以理解，作为 TD-SCDMA 标准的首创者，每一项关于 TD-SCDMA 和智能天线等技术的专利都凝聚了大唐电信研发人员的诸多心血，每一项都难以割舍。

但是，信息产业部科技司司长闻库对此却有更高层次的思考。方案三看似退让，但实际上只是一种格式约定的调整，是面向国际主流的融合。

这样做，可以借助 FDD 产业链的优势，壮大整个 LTE 产业链，实现 LTE TDD 与 LTE FDD 的业务融合、同步发展，更有利于中国标准走向国际化，也有利于移动通信网络长远融合发展。如果坚持方案一，全球支持者寥寥无几，很可能在 3GPP 讨论中被 Type1"吃掉"，满盘皆输。

胶着中，闻库打破了僵局："永斌，采用方案三，你真正的金子丢了没？别纠结那些表面的东西。"谢永斌沉默了一下，"金子没丢，但银子变少了"，他主要指一些专利会变化。"金子还在就好！至于专利，我们可作为交换的条件，在谈判中争取多保留。"

最终，从国家利益最大化的角度，以融合为最大特征的"方案三"获得各方一致同意。但为了保护我国已有的知识产权，作为交换条件，我国明确要求对方强势企业必须接纳我方拥有的知识产权核心技术。

融合不是无原则的忍让，在顺应融合趋势的同时，中国通信人十分重视谈判的技巧和博弈的把控，这群"技术宅"还玩了一个小心思：与会各方代表严格保密会议讨论的结果，虽然会议已形成"争取方案二，可以有条件讨论方案三"的意见，但他们却向外界放出中国"坚持方案一，可以讨论方案二"的口风。

2007 年 11 月，信息产业部副部长奚国华率中国代表团出席在瑞士举行的世界无线电通信大会并访问欧洲，其间与爱立信高层秘密会谈，中国"以融求进"的 LTE TDD 方案得到了爱立信的全面认同。经过各方积极努力，当年 11 月底召开的 3GPP 专题会上，"方案三"成为 LTE 阵营 TDD 模式的唯一技术方案！

然而，标准之路从来都不是一帆风顺的。

2008 年，在迪拜召开的 ITU-R 5D 第二次会议上、在 3GPP RAN1

第 52 次会议上……中国 4G 技术的国际标准化进程连续遭遇相关利益阵营的强烈反扑。

这是一场斗智斗勇的残酷战斗，这是一场不进则退的生死争夺。

在国际舞台上，来自中国移动、电信研究院、大唐电信、华为、中兴等中国代表抱团出击，据理力争，几经波折，难以尽述。

终于，2008 年 12 月，3GPP RAN 正式宣布 LTE Release 8 冻结。至此，LTE TDD 顺利完成了帧结构融合的所有工作，并与 LTE FDD 同步完成了标准的制定。随后，闻库提议将 LTE TDD 更名为 TD-LTE，明确其 TD-SCDMA 后续演进技术的地位，这一想法得到工信部党组的认同，进一步彰显了我国主导 TD-LTE 技术的大势。

随后，中国企业披荆斩棘，连续在 4G 标准化进程中成功实施一系列关键项目，为 TD-LTE 最终入选全球标准奠定了坚实基础。其间，我国培养出大批技术骨干和标准化专家，如中国移动的唐海当选 3GPP RAN 副主席，中国移动的张大伟和华为的陈翔先后当选 3GPP RAN4 副主席。同时，中国企业主导 TD-LTE 国际标准，累计提交文稿 27 878 篇，主导标准化项目从不足 1/10 到近半数，我国成为全球移动通信领域标准化的主导力量。

华山论剑

2009 年 10 月，正当国内 3G 建设如火如荼之际，另一场决定中国 4G 命运的较量已在国外悄然展开。

德国，德累斯顿，ITU-R WP5D 工作组第 6 次会议正在进行中。

这是 IMT-Advanced 候选技术提案截止后召开的第一次会议，重点讨论的是 IMT-Advanced 候选技术和移动通信频谱规划。此次会议对决定未来全球 4G 技术的走向和市场格局具有重大意义，影响深远。会议吸引了来自 33 个国家和 36 家企业的 218 名代表参加。我国政府对此次会议非常重视，派出了由闻库带队，工信部科技司、电信研究院、无线电监测中心、中国移动、华为、中兴、大唐电信等单位 30 名代表组成的代表团。

ITU 大会的会议室中，有关 4G 国际标准候选技术的讨论热烈而紧张，中国代表团每个成员的神经都紧绷着。我国提交的具有自主知识产权的 TD-LTE-Advanced 技术方案与来自 TTA（韩国电信技术协会）、3GPP、IEEE 等组织的其他 5 项方案展开激烈角逐。6 项提案包含了 LTE-Advanced（包括 TDD 和 FDD 两种制式）和 802.16m 两大类技术方案。

我国主导的具有自主知识产权的 TD-LTE-Advanced，作为 LTE-Advanced 技术的 TDD 分支，获得了国际通信标准化组织 3GPP 和国际通信企业的广泛认可和支持。当时，由我国提交的 LTE-Advanced TDD 文稿数占 LTE-Advanced TDD 文稿总数的近 50%，我国提交的 LTE-Advanced FDD 文稿数也超过了 LTE-Advanced FDD 文稿总数的 10%。

经过连续磋商与博弈，LTE-Advanced 和 802.16m 成功胜出。中国代表团沸腾了！4G 时代，中国再次迈出了决定性的一步。

此后，14 个独立的评估组展开了严格的技术评估、试验验证、评审遴选工作，并在 2010 年 2 月和 6 月召开了两次商讨会议。

2010 年 10 月，在重庆举行的 ITU 会议正式确定了 4G（IMT-Advanced）国际标准，TD-LTE-Advanced 被接纳为 4G 技术。2012 年 1 月，在世界无线电通信大会上，TD-LTE-Advanced 被正式确立为 4G 国际标准。从此，TD-LTE 终于成为继 TD-SCDMA 之后我国主导的又一个国际通信标准！

2010 年 10 月，在重庆举行的 ITU 会议正式确定了 4G（IMT-Advanced）国际标准，
TD-LTE-Advanced 被接纳为 4G 技术

从主导标准化项目不足 1/10 到近半数，我国成为全球移动通信领域标准化的主导力量

5.3 前所未有的速度

作为我国主导的 4G 标准，TD-LTE 从诞生之日起就得到了我国政府、国内运营商和制造商的广泛关注和大力支持，并因其具有频谱利用率高等技术优势，获得了国外运营商和制造商的认可。TD-LTE 成功标准化之后，最考验我国主导的这一移动通信标准的商用化挑战迎面而来。

全速前进

加速，加速，再加速，这是我国 4G 技术商用化的关键词。

2012 年 2 月，启动 TD-LTE 第二阶段规模试验；3 月，杭州 B1 公交开放 TD-LTE 数据体验；4 月，中国移动（香港）公司开通 LTE FDD 服务；5 月，广州、深圳、南京、北京同时开启 TD-LTE 高速体验；6 月，香港 LTE FDD 网络与内地 TD-LTE 网络成功实现双向漫游；10 月，工信部发布《工业和信息化部关于国际移动通信系统（IMT）频率规划事宜的通知》，确定 2500 ～ 2690 MHz 频段为 TDD 方式的 IMT 系统工作频率。

当时，全球 LTE 商用进程不断加快，我国 TD-LTE 规模试验全面推进，TD-LTE 正处于产业化、商用化、国际化的关键阶段。我国明确将 2500 ～ 2690 MHz 频段规划为 TDD 方式的 IMT 系统工作频率，使得 TD-LTE 获得了 2.6 GHz 频段共 190 MHz 带宽的全频段频谱资源。此项频率规划的适时出台，不仅有利于指导 TD-LTE 设备制造商和运营商开展设备研发、网络测试、网络规划等工作，有效地推进 TD-LTE 产业化、商用化进程，而且能够充分显示我国在全球 TD-LTE 发展进程中的引领和示范作用，对提振产业信心、促进我国移动通信网络持续演进发展具有十分重要的意义。

从终端到系统，从网络规划到网络优化，从多模协同到室内覆盖，产业各方在加速再加速的同时，也时刻关注 TD-LTE 建设的每一个细节，积极合作、大胆探索，务实地推动 TD-LTE 稳步走向商用。

作为 TD-LTE 建设的领军者，中国移动在 TD-LTE 的商用化发展中发挥着至关重要的作用。从上海世博会到广州亚运会，再到深圳大运会，TD-LTE 屡屡成为会场内外最引人瞩目的"科技明星"，不仅因为这是我国主导的 4G 技术，更是因为其出色的技术优势和精彩的业务展示，进一步提振了整个产业推进自主创新的信心。

2012 年 10 月，中国移动正式向各大设备制造商通报了 TD-LTE 扩大规模试验网工程的招投标结果，华为、中兴、上海贝尔、大唐移动、爱立信、诺西、普天、新邮通和烽火移动九大厂商均有斩获，拉开了 TD-LTE 扩大规模试验网工程的序幕。

在全球产业的共同推动下，TD-LTE 已经构建起全球产业广泛参与、产品高度成熟的端到端完备产业链。网络系统方面已经相当成熟，全球移动通信系统厂家几乎都同时支持 LTE FDD 和 TD-LTE。在被视为瓶颈的终端、芯片领域，TD-LTE 也取得了重大突破。截至 2013 年 3 月底，全球已推出 166 款支持 TD-LTE 的终端，包括 41 款数据卡、86 款 CPE/Mobile Hotspot、3 款平板电脑、18 款模块以及 18 款智能手机。对比当初 TD-SCDMA 门可罗雀的艰难情形，TD-LTE 的"朋友圈"可活跃多了。

一切，都在有条不紊地进行着。

4G 元年开启，中国技术赢得先机

2013 年第一季度，全球已有 67 个国家的 150 家运营商推出了商用 LTE 服务，当年年底 LTE 商用网络总数超过 250 个，全球已进入 4G 网络部署的关键节点期。

尽管我国主导的 TD-LTE 技术引发了全球运营商的关注，商用化进程不断提速，但国际运营商巨头们仍在观望。他们坦言，中国的市场规模对他们是否采用和启动 TD-LTE 影响很大。来自中兴、华为等设备制造企业的数据显示，中国厂商几乎参与了全球所有的 TD-LTE 试商用和商用的网络建设，成为 TD-LTE 全球化发展的主要推动力量，TD-LTE 也由此成为移动互联网时代拉动我国通信行业发展的重要引擎。我国有必要尽快启动商用进程，全力加快 TD-LTE 在国际和国内两个市场的规模发展。

那一天终于来了！

2013 年 12 月 4 日，工信部本着"客观、及时、透明和非歧视"原则，向中国移动、中国电信和中国联通颁发"LTE/ 第四代数字蜂窝移动通信业务（TD-LTE）"经营许可。

中国正式迈入 4G 时代！

在发放 4G 牌照的同时，工信部取消了对中国移动固定业务经营的限制，允许其进入固定宽带网络市场，以进一步增强我国宽带发展的推动力，促进信息消费，并营造融合发展、全业务竞争的市场环境，更好地惠及广大用户。

消息一出，社会各界奔走相告，这是大家期盼已久的大事。现在，回望 2013 年移动通信行业的大事，不难发现，当年年底颁发 4G 牌照是有迹可循的——

2013 年 1 月，中国移动就在全年工作会上宣称"今年 TD-LTE 有望进入商用元年"，给当时波澜不惊的行业注入了一股强劲的动力。

2 月，中国移动在浙江杭州、温州推出 4G 业务全面试商用，月底又在巴塞罗那召开的世界移动通信大会上重磅发布了 TD-LTE"双百"计划，几番大手笔惊动业界。

3 月，全国两会的召开将社会对 4G 的关注推向高潮。业内外的代表委员纷纷就 4G 发展事宜建言献策，有关 4G 牌照发放进度的媒体报道铺天盖地。"我国在 4G 技术的研发上已取得很大突破，4G 牌照估计年内可以发放。"这是工信部部长苗圩在青海代表团驻地的表态。一石激起千层浪，"5·17"发牌的猜测四起。

5 月，4G 牌照虽未如传闻那般发放，但这丝毫没有影响业界对 4G 发展的关注。于 6 月启动的中国移动 200 亿元的 TD-LTE 设备招标让产业链相关方按捺不住激动的心，一场有关"D 频段"（2575 ~ 2635 MHz，业内常称 2.6 GHz 频段）还是"F 频段"（1880 ~ 1920 MHz，业内常称 1.9 GHz 频段）的争论沸沸扬扬。

6 月，TD-LTE"登上"珠穆朗玛峰，中国移动正式发布 VoLTE 技术白皮书，明确将于 2014 年实现全国 VoLTE 商用。时任工信部副部长的尚冰（后任中国移动董事长）再次表态："中国政府将秉承开放合作的态度，坚决、全力支持 TD-LTE 产业发展。"

历经上半年的异彩纷呈、跌宕起伏，社会各界终于在 7 月盼到了答案：国务院总理李克强在国务院常务会议上提出，实施"宽带中国"战略，推动年内发放 4G 牌照。此后，国务院在 8 月发布的信息消费政策中，又重申了年内发放 4G 牌照的承诺。

12 月 4 日，4G 牌照千呼万唤始出来，三大电信运营商同时担起了我国自主 4G 技术——TD-LTE 的发展重任，我国 4G 元年正式开启。

为何那时的社会对 4G 如此关注？为何发牌让社会各界皆大欢喜？为何工信部发放牌照后，前所未有地发布了 3000 余字的解读？

因为当时 4G 的影响实在太广、太大。4G 犹如"阿基米德支点"，在全产业链的撬动下，将给消费者带来全新的信息生活，开拓 ICT 行业新的上行空间，带动其他行业转型升级，引爆数万亿元的信息消费市场。

对消费者而言，4G 商用后，速度提升了，流量增加了，但资费降低了，用手机连接世界更快、更爽、更实惠了。发牌后，中国移动在部分地区发布的 4G 资费套餐显示，流量资费普遍比 3G 流量资费低 20% 以上。

对运营商而言，国际 4G 发展风起云涌，在无线宽带技术革命的浪潮中，不进则退。作为中国主导的 4G 技术，TD-LTE 面临难得的战略发展机遇，中国移动已"快人一步"，收获颇丰。中国电信、中国联通在建设 TD-LTE 网络的同时，也展开了 LTE FDD 试验网建设，"天翼 4G""沃4G"品牌纷纷推出，行业打开了新的上行空间。

对设备商、终端制造商等产业链各方而言，4G 系统设备、智能终端的更新换代，带领各方迈入新的创富时代，引发全产业创新链的群体突破。

对移动互联网企业而言，更宽广的"路"带来无限可能，又一个"淘金"之门开启。腾讯董事会主席兼首席执行官马化腾评论道："4G 的到来，对所有互联网公司，尤其是移动互联网产品是非常好的促进，包括街景地图和视频在内的产品将会变得非常好用。"

我国 4G 牌照提速发放，尤其是优先发放 TD-LTE 牌照，彰显了我国打造自主技术、建设创新型国家的强烈信心，更体现了我国拉动信息消费、推进经济转型升级的坚定决心。

数据显示，2013 年，我国三大电信运营商对 4G 的投资就超过了 600 亿元。2013—2014 年，国内 4G 网络建设投资超过 2000 亿元，带动了近万亿元的产品销售，形成了数万亿元的信息消费市场。

"小一岁"的 LTE FDD 牌照

2015 年 2 月 27 日，4G（TD-LTE）牌照发放一年以后，工信部正式向中国电信、中国联通发放"LTE/ 第四代数字蜂窝移动通信业务（LTE FDD）"经营许可。

前文已有提及，LTE FDD 是当时全球最主流、最成熟的 4G LTE 通信标准，中国电信和中国联通 3G 网络的升级方向就是 LTE FDD。2014 年 6 月 27 日，中国电信、中国联通取得国内 LTE FDD 和 TD-LTE 混合组网的牌照，分别在 16 个城市开展首批 FDD+TD 混合组网试验，当年后续又分别增至在 56 个城市开展试验。

对于中国电信、中国联通而言，4G（LTE FDD）牌照来得有些晚。此时，中国移动的 4G（TD-LTE）规模已经相当可观：用户数于 2015 年 1 月突破 1 亿户，4G 基站数达 70 万个，而且还在持续快速增长，7 月突破 2 亿户，12 月突破 3 亿户，全年新增 4G 用户 2 亿余户，平均每分钟发展 400 多个 4G 用户。

面对中国移动势如破竹的发展势头，此次牌照发放犹如发令枪，中国电信、中国联通蓄势已久，全力冲刺，加入 4G 网建大军。

谁的网络覆盖更广，谁的网络速度更快，谁的应用体验更好，谁就能赢得用户的青睐！一场网络建设、应用创新、服务创优的 4G 竞赛在神州大地开启。

5.4 建成全球最大的 4G 网络

2013 年 12 月 18 日，4G（TD-LTE）牌照发放后仅两周，中国移动董事长奚国华宣布：中国移动 2014 年将建成 4G 基站 50 万个，在国内 340 个城市推出 4G 商用服务，发展 4G 用户 5000 万户，销售 TD-LTE 终端超过 1 亿部。

这能做到吗？来自各界的质疑声此起彼伏。仅看数据，一年 5000 万户，这样的发展速度，不仅在中国，在世界通信史上都不曾出现过。

这是一场硬仗！成功，中国创新将阔步前行；失败，中国创新将信誉扫地。

一年的约定很快到来。

2014 年 12 月，4G 牌照发放一周年之际，中国移动建成了全球最大的 4G 网络，4G 基站数突破 70 万个，占全球 4G 基站总数的 60%，4G 用户数突破 9000 万。当时，在全球通信史上，这样的网络规模、建设速度、发展态势，均史无前例。

随着中国电信、中国联通的发力，时至今日，全球最大的 4G 网络的纪录一直被中国所保持。截至 2019 年 5 月，我国 4G 基站超过 400 万个，发展 4G 用户 12.2 亿户，其中选择中国主导的 4G 技术——TD-LTE 的用户约 7.3 亿户，我国移动宽带网络覆盖规模和用户规模双双跃居世界第一，中国的 4G 技术成为全球用户数增长最快的 4G 技术。

这样的成就得来相当不易。

4G 网络建设上演"速度与激情"

2009 年，3G 网络在我国刚刚商用时，3G 在全球已经发展了近 10 年的时间。4 年后，4G 牌照发放时，中国通信人必须面对这样的现实：3G 网络基础薄弱，2G、3G、4G、WLAN "四世同堂"，建设资金紧张，建设场景复杂⋯⋯可谓困难重重。

3G 落后的局面在 4G 时代能不能被扭转？彼时，中国通信人团结一心、目标一致：超常规建设，只争朝夕。

中国电信、中国移动、中国联通，三个"国"字头的电信运营商不约而同地将 4G 网络建设列为"一号工程"，一场 4G 大会战在全国各地陆续打响。

工作日与休息日的界限模糊了，"5+2""白＋黑"成为 4G 网络建设者的常态；各司其职的专业区隔融合了，多个跨专业工作组在建设一线协同推进；半夜两点的地铁涵洞中，工程建设者争分夺秒地布线施工；海拔 5200 m 的珠峰大本营，高原缺氧没有阻挡住建设者的脚步，4G 信号"登上"世界最高峰；东北高寒地区，冬季不施工的惯例被打破了，冰天雪地中是建设者科学攻坚的顽强身影⋯⋯

"莫东红开州路一号站"是河南移动首个以员工名字命名的基站。莫东红，4G 网络建设标兵，大会战时期，他的工作可以用两句话概括：白天磨嘴皮子，晚上熬眼皮子。"一般都是早晨 7 点就出门，晚上 10 点还回不了家，加班更是常事。工程巡查每天要在各个基站建设工地间跑 150 公里左右，施工期间最北边和最南边两个基站同时开工，两个基站距离 90 公里，那段时间每天行车路程就将近 300 公里。"

哪里有用户，哪里就有 4G 网络建设者的身影。一份来自中国移动的数据显示，仅 2014 年一年，该公司就建设了约 70 万个 4G 基站，占全球 4G 基站总数的 60%，网络建设规模相当于 3G 网络 6 年、2G 网络 20 年的建设规模。

就是这样，汇涓成海，聚沙成丘，我国的 4G 网络从无到有、从弱到强，迅速成长为全球最大的 4G 网络。

更广、更深、更厚、更快

通信人骨子里都有个执念，网络质量就是生命线！通信网络不仅要覆盖广，还要覆盖深、覆盖厚、质量优、速度快！他们不仅要建成全球最大的 4G 网络，还要建设全球 4G 网络精品。

在加快 4G 网络布局的同时，中国通信人在"更广、更深、更厚、更快"上下足了功夫，积极采用全球领先技术，加快网络升级步伐，大幅提升网络质量，完善用户体验。

他们科学策划，啃下一个个覆盖"硬骨头"。

高层楼宇、地下空间、高速公路、高速铁路、过山隧道、跨海桥梁、边陲海岛……攻坚战的号角一次次吹响，4G 基站上天入地、漂洋过海。

习近平总书记惦念的四川凉山"悬崖村"，地处海拔 1600 多米的高山上。去悬崖村的路，边上全是陡峭的山壁，既不方便物资运输，大型机械也不能到达现场作业。4G 基站建设全靠手抬肩挑，工作难度远高于其他地方，仅仅 3 根钢管，20 个通信建设者硬是抬了整整 7 天才运送到位……当悬崖村实现 4G 网络全覆盖时，村民们穿上鲜艳的民族服装载歌载舞，为通信"铁军"敬上一碗碗彝家米酒，以示感谢。

他们创新突破，攻下一座座技术"新高峰"。

4G 网络下行速率是 3G 的十几倍，乃至几十倍，但面对用户不断攀升的移动互联网需求，网速还需再快些、更快些！

2015 年，4G 网络刚刚启动大规模建设的第二年，中国通信人就已经开始攻坚 4G+ 网络。4G+ 网络采用多载波聚合技术，网络下行峰值速率达 300 Mbit/s，一部高清视频可以实现"秒下"。目前，中国电信、中国移动的 4G+ 网络已经覆盖全国所有城市，中国联通的 4G+ 网络则成功实现吉比特级的数据传输速率。

同时，VoLTE 网络的建成，让通话音质更清晰、接通等待时间更短，我们还可以一边打电话，一边浏览网页、刷朋友圈。此外，3D-MIMO 等 5G 技术也被引入 4G 网络建设之中，使 4G 网络容量、覆盖深度大幅提高，基站信号覆盖更广、干扰更小，频谱效率全面提升。

创新"铁塔模式"，提升 4G 建设效率

短短几年时间，要建成全球最大的 4G 网络，服务 10 多亿用户，基站建设资金从何而来？重复建设问题如何破解？有没有集约高效的建设办法，在短时间内实现移动网络水平质的飞跃？

2014 年 7 月，4G 发牌的第二年，中国移动、中国联通、中国电信分别出资 40 亿元、30.1 亿元和 29.9 亿元组建了中国铁塔股份有限公司（简称中国铁塔），主营铁塔的建设、维护和运营。时任中国移动副总经理的刘爱力（后历任中国电信总经理、中国邮政董事长）兼任中国铁塔董事长，时任中国联通副总经理的佟吉禄（后任中国铁塔董事长）改任中国铁塔总经理。

"这是贯彻落实党的十八届三中全会精神，在新形势下深化电信体制改

革的一种有力尝试，有利于促进行业内的专业化分工合作，避免恶性竞争，提升行业整体价值，最终将有利于广大消费者。"政府主管部门对新成立的中国铁塔寄予厚望。时任工信部副部长的尚冰叮嘱中国铁塔的创业者，一定要找准定位，从维护国家、行业、用户利益的角度出发，按照市场化的原则，处理好与 3 家运营商的关系，处理好与其他相关企业的竞争关系，实现整个产业链的共赢，让行业改革的成果最终惠及全社会。

实践证明，"铁塔模式"成功开启了通信行业改革创新的新征程，也极大地促进了 4G 的建设与发展。数据显示，中国铁塔自 2015 年 1 月 1 日全面承接新建铁塔及附属设施的工作以来，深入推进以共享为核心的集约化建设模式，迅速满足了 3 家运营商的 4G 网络建设需求，将行业铁塔共享率从过去的 14.3% 快速提升至 70.4%。

据专家估算，中国铁塔成立后的 4 年里，我国减少通信铁塔重复建设60.3 万个，相当于减少重复投资 1073 亿元，减少土地占用 2.8 万亩，经济、社会效益显著。

天涯海角也要全覆盖

早在 2001 年，中国移动就开始筹划西沙群岛的建站工程，并向远洋岛屿延伸覆盖。经过多方努力，2003 年 4 月，中国移动租用卫星链路率先开通了西沙永兴岛基站，移动通信网络首次实现了对祖国南端蓝色国土的覆盖。2007 年，中国电信在西沙群岛建成了我国最南端的互联网中心。

2012 年 7 月 24 日，在西沙永兴岛，三沙市正式揭牌成立，掀开了我国南海开发的历史新篇章。在工信部和海南省通信管理局的统筹规划下，三沙的通信基础设施建设与发展也进入了新时期。

怀着深沉的感情与责任，一批批通信人一次次奔波于千里海疆，默默地建起基站、优化网络、排查故障……经过多年的艰苦努力，实现了移动通信网络在三沙海域的广泛覆盖。

2013 年 4 月，中国移动在西沙永兴岛首次建成并开通 4G（TD-LTE）基站，将 4G 网络正式架设在美丽南疆的万顷碧波之上。

"以前在南海航行，手机就是用来看看时间，现在 4G 开通后可不一样了，打电话、聊微信、看视频，真方便！"经过艰苦探索，我国基础电信企业又在往返海南岛和三沙海域的补给船"三沙一号"上实现了 4G 船载移动信号全航程覆盖，成功解决了远海航行的通信盲区难题，为船上乘客提供了一路畅通的语音及数据服务，为维护国家海洋领土主权、提升南海渔政管理及海上救援水平提供了强有力的信息技术支撑。

哪怕高温高湿高盐，哪管暴风烈日暗礁，通信人发扬特别能吃苦、特别能战斗的优良传统，战天斗海、劈波斩浪，将 4G 信号送到了天涯海角，送上了南沙的岛礁，送去了祖国母亲的惦念。

截至 2018 年底，在海南省通信管理局的统筹安排下，中国移动已先后在三沙市开通了 30 余个 2G/4G 基站，其中，西沙 7 个人居岛屿实现 4G 全覆盖，南沙 7 个岛礁实现移动信号全覆盖。中国电信在已建成 2G/3G 网络基础上，于 2016 年 7 月 14 日实现了南沙 7 个岛礁及周边海域的 4G 网络全覆盖；2016 年底到 2017 年上半年，中国电信利用海底光缆在南沙诸岛礁上开通了多个光缆 4G 基站，覆盖南沙永暑礁、渚碧礁、美济礁等岛礁及附近海域。截至 2017 年 7 月，中国联通在西沙永兴岛、琛航岛、珊瑚岛、西沙洲及南沙永暑礁 5 个岛礁建起通信基站，其中，永兴岛、西沙洲、永暑礁等实现了 4G 网络覆盖。

当我们向途经南海的过往船只郑重宣告"Welcome to China"（欢迎来到中国）时，当我们在距离三亚市远达 1000 km 的岛礁上同步畅享 4G 网络的便捷时，你可想象得到通信人背后的艰苦付出？

南海诸岛远离祖国大陆，生活物资短缺，交通运输不便，气候恶劣多变，从布放电缆到架设天线，从调整方向到测试开通……移动通信基站建设的每一个步骤都比在陆地上要艰难百倍。

在南海，每建设一个基站，网络建设人员都要搭载登陆艇在海上漂流一到两天时间，遇上大风大浪，还要面临被风浪掀翻的危险。那是在开通"南海国门第一礁"东门礁基站的途中，中国电信的通信建设团队遇到了海上极端天气，船只无法靠岸，队员在海上整整漂了 11 天；那是在修复西沙中建岛受损基站的时候，中国移动三沙网络建维团队为了早日结束岛上通信中断近 4 个月的状况，错过了补给船，在约 1 km^2 的岛礁上硬是又蹲了 1 个月的时间……

不仅在南海岛礁，在珠峰大本营，在云南独龙江……如今，我国已在神州大地建成了沟通城乡、覆盖全国、通达世界的全球最大的移动通信网络，4G 网络的覆盖率达 97%。

2019 年，工信部正深入推进电信普遍服务试点工作，加快偏远和边疆地区 4G 网络覆盖，预计到 2020 年实现全国行政村 4G 网络覆盖率超过 98%，边疆地区 4G 网络覆盖率显著提升，为全面建成小康社会提供坚实支撑。

2019 年 4 月，振奋人心的消息再次传来，5G 信号也延伸到了祖国的最南端！4 月 11 日 23 时，在三沙市政府的大力支持下，三沙市首个 5G 基站正式开通。不久后，5 月 23 日 18 时 28 分，位于南沙群岛永暑礁的中国移动 5G 基站正式开通，实测速率约为 4G 的 10 倍。

▶ 小知识

电信普遍服务试点

2015 年 10 月 14 日，国务院常务会议决定，完善农村及偏远地区宽带电信普遍服务补偿机制，缩小城乡数字鸿沟。2015 年 12 月，工信部、财政部联合印发《2016 年度电信普遍服务试点申报指南》的通知，正式启动电信普遍服务试点工作。

按照"中央资金引导、地方协调支持、企业为主推进"的原则，中央财政补助资金一次性下达到省（区、市），具体补助规模以工信部、财政部认定的分区域电信普遍服务投入成本为基数，东部、中部、西部及各省（区、市）分别按其基数的 15%、20%、30%、35% 核定。中央财政补助资金重点保障中标企业农村宽带建设和运行维护费用补偿。

2018 年底，电信普遍服务前三批试点全面完工，推进了 13 万个行政村通光纤，其中 1/3 是贫困村。试点的实施使行政村通光纤比例从试点前的不到 70% 一跃提升到 98%，贫困村通宽带比例也超过 97%。同时，4G 网络的行政村覆盖率达到 95%。广大农民用上了比肩城市甚至速率更高、价格更低的宽带网络，充分享受到了数字世界带来的红利，获得感和幸福感显著增强。

2019 年 4 月 16 日，工信部、财政部联合印发《2019 年度电信普遍服务试点申报指南》的通知，第四批试点工作正式启动。该批试点聚焦加快偏远和边疆地区 4G 网络覆盖，到 2020 年实现全国行政村 4G 网络覆盖率（行政村 4G 网络覆盖指该村村委会 5 公里范围内有 4G 基站，或该村村委会、学校、卫生室及任一 20 户以上人口聚居区均有 4G 网络信号）超过 98%，边疆地区 4G 网络覆盖率显著提升，为全面建成小康社会提供坚实支撑。2019 年支持建设 4G 基站约 2 万个。

第四批试点工作将进一步向"三区三州"（三区：西藏、四省藏区、新疆南疆四地州；三州：云南省怒江州、甘肃省临夏州、四川省凉山州）等深度贫困地区发力。

5.5　移动互联网，一起狂欢

3G 帮助国人敲开了移动互联网的大门，4G 则真正开启了魅力无边的移动互联网时代。高速、共享、互动、开放、颠覆、重塑……就是这个时代的关键词；社交软件、移动支付、移动搜索、共享单车、在线游戏……就是时代乐章中最时尚的旋律。

速度，最重要的还是速度

从茹毛饮血到主宰世界，人类不断进步的奥秘就是"永不满足"。

透过小小的手机屏幕，我们同样能看到这个奥秘的作用。人们对网速的需求无止境，对带宽的需求无止境，对流量的需求几乎也无止境。

2009 年，我国 3G 网络正式商用，中国移动、中国电信和中国联通分别推出了 TD-SCDMA、cdma2000 和 WCDMA 这 3 种制式的 3G 网络，理论下行速率分别为 2.8 Mbit/s、3.1 Mbit/s 和 7.2 Mbit/s。相比 3G 网络，4G 网络下载速率提升了 10 倍乃至数十倍，FDD LTE 的峰值下载速率可达 150 Mbit/s。从 2015 年 6 月起，三大电信运营商相继推出 4G+（LTE-Advanced）网络，峰值下载速率可达 300 Mbit/s 以上，有时甚至可超过 1 Gbit/s，是 3G 网络的近百倍。

在实际应用中，一部 8 GB 大小的高清电影，用 3G 网络（WCDMA）下载通常需要 2 个多小时，用 4G 网络（FDD LTE）下载通常仅需 7 分钟，而未来的 5G 时代可能只需几秒。

覆盖更广了，速度更快了！4G 网络如肥沃的土地，滋养、孕育了一大批创新移动应用。手机淘宝、滴滴、共享单车、抖音……这些雨后春笋般涌现的新应用渗透到人们生活、工作的方方面面——浏览新闻，要刷手机、用流量；出门打车，要刷手机、用流量；购物交易，要刷手机、用流量；外出游玩，要刷手机、用流量……处处离不开手机，哪里都需要流量，人们开始觉得流量越来越不够用，"4G 一晚上没关，醒来房子归运营商"的段子越传越玄。

总理明确"提速降费"举措

"现在很多人，到什么地方先问有没有'Wi-Fi'，就是因为我们的流量费太高了！"2015 年 4 月 14 日，在一季度经济形势座谈会上，国务院总理李克强与网易董事局主席丁磊、中兴董事长侯为贵等企业家的对话经媒体披露后引发社会各界热议，并由此开启了延续至今的"提速降费"热潮。

客观而言，我国的电信运营商还是相当努力的，一直全力推进"宽带中国"战略的实施，努力提速降费。但那时我国 TD-LTE 4G 牌照刚刚发放一年多，LTE FDD 4G 牌照则仅发放一个多月，移动通信网络无论是速度还是价格，都难以满足经济发展的要求和社会大众快速增长的互联网需求。

2015 年 5 月 13 日，李克强总理在主持召开国务院常务会议时再度明确促进提速降费的五大具体举措，其中包括鼓励基础电信企业尽快发布提速降费方案计划，使城市平均宽带接入速率提升 40% 以上，推出流量不清零、流量转赠等服务，等等。5 月 15 日，中国电信、中国移动、中国联通分别推出一系列提速降费举措。

随后的 5 月 20 日，国务院办公厅发布《关于加快高速宽带网络建设推进网络提速降费的指导意见》（以下简称《指导意见》），明确了 3 年内网络提速降费的"硬指标"。

随着经济社会的发展，我国社会主要矛盾已经转化为人民日益增长的美好生活需要和不平衡、不充分的发展之间的矛盾。推进提速降费，满足人民对美好信息生活的向往，成为新时期信息通信业发展的主旋律。

提速降费，提的是企业竞争力，降的是社会总成本，利国利民利企，国家念之，网民盼之，工信部与基础电信企业则大力行之。

2015 年 8 月 1 日，京津冀长途漫游费取消；2015 年 10 月 1 日，"流量当月不清零"实施；2017 年 9 月 1 日，手机国内长途和漫游费取消；2018 年 7 月 1 日，手机流量漫游费取消；2019 年，移动网络流量平均资费再降低 20% 以上，在全国实行"携号转网"……在取消一系列资费的同时，固定宽带网络资费、移动宽带网络资费、中小企业互联网专线接入资费等均大幅下降，国际通信资费"断崖式"下降，连年超额完成《指导意见》中提出的年度目标。

2019 年 5 月 21 日，在国务院新闻办公室举行的国务院政策例行吹风会上，工信部副部长陈肇雄表示，我国近几年提速降费成效非常明显。在网络覆盖方面，建成全球规模最大的固定宽带网络和 4G 网络，全面建成光网城市。基础电信企业 4 年累计投资超过 1.5 万亿元，深入推进光纤宽带网络和 4G 网络建设；组织 5 批电信普遍服务试点，中央财政和基础电信企业累计投资超过 500 亿元，支持 13 万个行政村通光纤，以及 3.6 万个 4G 基站建设。截至 2019 年 3 月底，全国光纤宽带用户占比达到 91%，4G 用户占比达到 75%。其中，行政村通宽带比例达到 98%，行政村通 4G 的比例达到 97%，位居全球先进行列。在网络提速方面，与 5 年前相比，固定和移动宽带平均下载速率提升了 6 倍多。固定宽带用户平均下载速率从 2014 年底的 4.2 Mbit/s 提升至 28 Mbit/s，移动宽带下载速率从 3G 时代不足 3 Mbit/s 提高到 22 Mbit/s。在网络降费方面，2018 年，固定网络每兆字节月均资费为 0.3 元，比 2014 年下降 95%；手机上网流量平均每吉字节为 8.5 元，比 2014 年下降 94%。用户月均使用移动流量达到 7.2 GB，为全球平均水平的 1.2 倍。

陈肇雄分析说，从间接效果来看，一方面，提速降费进一步加速了我国移动互联网产业的创新发展，加快了我国移动通信技术产业的演进升级，催生了一大批新技术、新应用、新模式。2018 年，我国移动应用程序数量多达 449 万款，为全球移动应用程序数量之最；另一方面，提速降费有力支撑了经济社会的数字化转型。2015—2018 年，基础电信企业仅提速降费的让利就达 2600 亿元，在扩内需、稳就业、惠民生方面发挥了重要作用，也有力地激发了信息消费需求，繁荣了数字经济。我国信息消费规模由 2015 年的 3.2 万亿元增长到 2018 年的 5 万亿元，年均增幅超过 15%。

"2019 年，提速降费重点工作定在两个方面。一是推动网络演进升级，满足网络信息技术与经济社会各领域融合发展的新需求。通过开展'双 G 双提'工作，推动固定宽带和移动宽带双双迈入千兆时代；同时，继续推动 5G 技术研发和产业化，加快 5G 商用部署和 IPv6 改造。而且，推动网络信息技术与实体经济深度融合，突出增强工业互联网、教育、医疗等重点领域的网络支撑能力，推动融合产业规模化发展。另一方面，是深入挖掘降费潜力，推动实施精准降费，促进网络应用普及。针对低收入和老年群体的需求，推动基础电信企业在全国推出'地板价'资费方案，面向建档立卡贫困户给予最大的优惠，助力网络精准扶贫。针对中小企业用户，通过直接下调资费价格、免费提速升档等方式，实现平均资费降低不少于15%。"陈肇雄表示，将加大工作力度，扎实开展提速降费工作。

宽带发展联盟最新数据显示，2019 年第一季度，我国固定宽带网络平均下载速率达 31.34 Mbit/s，环比提升 11.7%，同比提升 55.5%；4G 网络平均下载速率达 23.01 Mbit/s，同比提升 20.4%。知名国际机构开展 Speedtest 测速的结果显示，2018 年 7 月，我国固定宽带下载速率在全球 133 个国家和地区中排名第 19 位，移动宽带下载速率在全球 124 个国家和地区中排名第 37 位，我国固定和移动宽带网络下载速率均进入全球前列。

"网络覆盖越来越好，上网速度越来越快，长途费没有了，漫游费取消了，每月 20 GB 的流量放心用。"提速效果扎扎实实，降费让利实实在在。不仅越来越多的个人用户获得了网络提速降费带来的实在福利，越来越多的企业与行业也从中受益匪浅。根据中国信通院发布的《中国宽带发展白皮书（2018）》，网络提速降费的支撑带动效应明显，不仅带动了产业链上游的光纤制造、网络设备、智能终端等制造企业保持 14% ~ 30% 的发展增速，而且助力"大众创业、万众创新"蓬勃兴起，催生了一大批新产业、新模式、新业态，促进了数字经济的发展和信息消费的扩大升级。

2019 年初，中国互联网协会发布的《中国互联网产业发展报告（2018）》显示，2018 年，我国信息消费市场规模继续扩大，信息消费规模约为 5 万亿元，同比增长 11%，占 GDP 的比例提升至 6%。信息服务消费规模首次超过信息产品消费规模，信息消费市场出现结构性改变。《数字中国建设发展报告（2018 年）》的数据显示，2018 年，我国数字经济规模总量超过 31 万亿元，占 GDP 的比例达到 34.8%，数字经济成为我国经济高质量发展的重要支撑。

G 时代来临

4G 发牌伊始，流量尚是我国诸多电信业务中的一股"小溪流"，在仅仅 3 年后的 2016 年，就成长为声势浩大的"奔流"。

工信部通信业经济运行情况的统计数据显示，2016 年 11 月，我国移动互联网用户的月度户均移动互联网接入流量达到 976 MB，同比增长 101.1%，月度户均较 10 月提高 44.8 MB。2016 年底，月度户均移动互联网接入流量超过 1 GB，移动互联网接入流量正式由 M 时代进入 G 时代。

2016 年，我国 4G 用户数呈爆发式增长，全年净增用户 3.4 亿户，总数达到 7.7 亿户，在移动电话用户中的渗透率达到 58.2%；2G 移动电话用户减少了 1.84 亿户，占移动电话用户总数的比例由上年的 44.5% 下降至 28.8%。

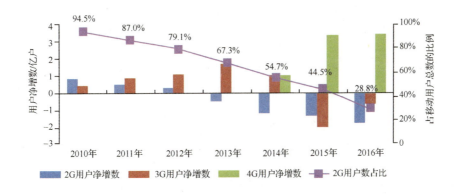

我国 2010—2016 年 2G/3G/4G 用户发展情况

在 4G 用户激增、移动互联网应用爆棚、用户沟通方式更迭、流量资费快速下降、运营商流量玩法创新等多重因素的集中作用下，我国移动电话用户的月度户均移动互联网接入流量呈现猛涨态势。

2017 年 5 月，我国户均移动互联网接入流量达到 1.5 GB，同比增长 117.8%；2017 年 9 月，达到 2 GB，同比增长 140%。2018 年 3 月，突破 3 GB；5 月，接近 4 GB；9 月，超 5 GB；12 月，超 6 GB。2019 年 3 月，我国户均移动互联网接入流量超过 7 GB，达 7.27 GB，同比增长 121.1%。

流量的快速增长给电信运营商带来了新的收入来源，自 2016 年移动数据收入首次超越语音收入后，流量对运营商收入的贡献日益提升，移动数据业务成为通信行业收入占比最大的业务。信息通信全行业进入"流量为王"阶段。

但 2017 年开始，流量"增量不增收"的情况日益突出，也就是说，移动流量虽然大幅增长，但是对应的收入增幅很低，加之语音、短信等传统电信业务萎缩，电信业务"量收剪刀差"越来越大，市场经营的压力很大。

据工信部的统计数据，2018 年我国电信业务收入为 13 010 亿元，同比增长 3%；电信业务总量达到 65 556 亿元（按照 2015 年不变单价的情况计算），同比增长 137.9%。从 2013 年（4G 元年）至今，6 年时间，电信业务"量收剪刀差"再创新高，从 6.9 个百分点激增到 135 个百分点，业务总量增速已达业务收入增速的 46 倍。

越来越大的"剪刀差"直观地说明，通信行业提速降费带来的让利成效十分显著，广大用户和中小企业享受到了实实在在的信息红利。而另一方面，通信行业围绕流量业务建立起的运营规则、发展模式开始遭遇严重挑战，其影响在 5G 时代还将进一步扩大。

2010—2018 年电信业务总量与电信业务收入增长情况

移动互联网腾飞，"颠覆 + 共享"时代启航

4G 网络给手机注入了神奇的魔力。从衣食住行到各行各业，小小的手机变得"万事皆通"，令人眼花缭乱的移动互联网应用不仅影响到大众生活的方方面面，而且辐射到与信息相关的各行各业，渗透到社会发展的各个角落。

2019 年 2 月，中国互联网络信息中心（CNNIC）发布了第 43 次《中国互联网络发展状况统计报告》。报告中几个有趣的数据十分有代表性，直接体现了移动互联网时代的特色。

1. 98.6%

2018 年，中国网民规模达 8.29 亿，手机网民规模达 8.17 亿，网民通过手机接入互联网的比例高达 98.6%，全年新增手机网民 6433 万。全年移动互联网接入流量消费达 711.1 亿吉字节，较 2017 年底增长 189.1%。

2. 5 个 "96% 以上"

支付、新闻、购物、外卖、视频，我们最常用的网络应用中，手机端用户占比都超过了 96%。

数据显示，截至 2018 年 12 月，我国网络支付用户规模达 6 亿，手机网络支付用户规模达 5.83 亿，占手机网民数的 71.4%，年增长率为 10.7%。线下网络支付使用习惯持续巩固，网民在线下消费时使用手机网络支付的比例由 2017 年底的 65.5% 提升至 67.2%。

网络新闻用户规模达 6.75 亿，手机网络新闻用户规模达 6.53 亿，占手机网民数的 79.9%，年增长率为 5.4%。

网络购物用户规模达 6.1 亿，手机网络购物用户规模达 5.92 亿，占手机网民数的 72.5%，年增长率为 17.1%。

网上外卖用户规模达 4.06 亿，手机网上外卖用户规模达 3.97 亿，占手机网民数的 48.6%，年增长率为 23.2%。

网络视频用户规模达 6.12 亿，手机网络视频用户规模达 5.9 亿，较 2017 年底增加 4101 万，占手机网民数的 72.2%。

3. 即时通信 App 最受欢迎

2018 年，移动网民经常使用的各类 App 中，即时通信类 App 用户使用时间最长，占比为 15.6%；网络视频、网络音乐、短视频、网络音频和网络文学类应用使用时长占比分列第 2 ~ 6 位，依次为 12.8%、8.6%、8.2%、7.9% 和 7.8%。手机即时通信用户达 7.8 亿，占手机网民数的 95.5%。

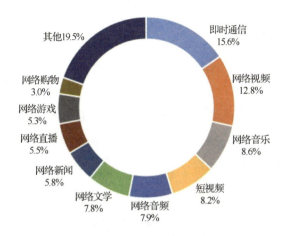

各类 App 使用时长占比

［来源：中国互联网络信息中心（CNNIC）发布的第 43 次《中国互联网络发展状况统计报告》］

"移动一切，一切都在移动。"随着移动通信技术与人工智能、云计算、大数据、区块链、虚拟现实、物联网等技术的融合发展，不仅社会大众的生活方式被重塑，媒体、金融、医疗、交通等行业也迎来了颠覆式变革。

如今，以共享、互动为特征的移动互联网正掀起数字经济浪潮，开始深刻改变传统产业的组织模式、服务模式和商业模式。我国互联网企业正抓住时代机遇做大做强，开启了输出"中国模式"的新篇章。以跨境支付为例，支付宝和微信支付已分别在 40 多个国家和地区实现合规接入；在境外本土化支付方面，我国企业已在亚洲 9 个国家和地区运营本土化数字钱包产品。

数据显示，以 4G 网络为基石，我国数字经济发展正在形成全球影响力，网络零售交易规模、移动支付市场规模均位居全球第一，而在全球互联网公司 TOP 20 的榜单中，中国互联网公司已占有 7 席。

▶ 4G改变生活

求医问药"难"变"易"

谁没生过病？谁没去过医院？谁没在求医时犯难过、发愁过、抱怨过？对老百姓而言，如果能在求医问药时更方便、更高效、更实惠，这真算得上是实在的民生福利了。

随着4G网络的广泛覆盖，"互联网＋医疗"逐渐让以往不敢奢求的事情变成现实，"高级"的医疗资源、便利的就医环境……开始走进老百姓的生活。

在浙江宁波，市民可以通过公共健康管理服务平台、手机客户端医院通App、"健康宁波"微信公众号、12580热线这4个途径预约挂号，其中医院通App下载量超25万人次，日均活跃用户达3000人。该平台还推出了计划免疫、妇幼保健、中医药服务、中药配送四大功能。值得关注的是，市民还能通过可穿戴设备，每天采集数据并上传到后台，定期监测体征数据。

在辽宁大连，被誉为"小型流动医院"的远程医疗监护手术急救一体车，不仅能为老百姓送去贴心周到的医疗服务，而且也为城市遭遇重大突发事件时救治伤员提供了有效支撑和医疗保障。

远程医疗监护手术急救一体车看上去与普通运输车没什么区别，实则却内藏玄机。车辆停靠，底盘液压升高，可伸缩部分外移，一系列动作之后，车内空间便扩展至4.3 m×7 m，"变形"为手术室和观察室两个房间。它内部配备欧洲先进的医疗设备以及中国移动提供的整套无线通信设备，堪称一个可移动的小型医院。通过4G高速网络，车内医疗信息可与医院本部数据实现实时交互传输。"如果病人的情况特殊，现场医护人员需要技术支持，就可以通过急救车上的这套网络系统，和医院实现实时视频交流，以及时得到医院专家的专业指导，还可以随时上网查阅资料，解决疑难问题，非常方便。"

当传统医疗搭上以 4G 高速网络为轨道的"互联网＋"快车后，我们的医疗环境真的开始变得不一样了。

5.6　这是产业链，这是创新链

一直以来，移动通信都是科技创新最活跃的领域，特别是进入 21 世纪后，其技术更新速度和辐射力在各行业中处于领先水平。回望 4G 发展历程，我国 4G 技术 TD-LTE 的标准化、产业化、商业化之路跌宕起伏，其最值得称道的价值，不仅在于产生了巨大的经济和社会效益，更在于有力地带动了我国系统制造、智能终端、移动应用、高端芯片、仪器仪表等整个产业链的创新与突破，使我国的移动通信几乎全产业链跻身国际前列，而这在我国其他领域极为少见。正是基于 4G 时代创新实践积淀的技术实力、生态战略、市场优势、人才资源、国际视野以及产业自信，我国在 5G 时代的局部领先才成为可能。

我国的 4G 网络不仅全球最大，而且最复杂

我国的 4G 网络商用仅 1 年时间，我们就建成了全球最大的 4G 网络，纪录一直保持至今。而这也是全球最复杂的 4G 网络：中国移动、中国电信、中国联通 3 家运营商各建了一张 4G 网络；面临 2G（包括中国移动的 GSM 网络、中国电信的 CDMA 网络、中国联通的 GSM 网络）、3G（包

括中国移动的 TD-SCDMA 网络、中国电信的 cdma2000 网络、中国联通的 WCDMA 网络）、4G（包括中国移动的 TD-LTE 网络、中国电信的 LTE FDD 网络、中国联通的 LTE FDD 网络）以及 Wi-Fi 等多频、多网、多干扰的网络覆盖挑战；我国幅员辽阔，跨越城乡差别、跨越地理限制、跨越应用领域的网络覆盖场景多达 30 余种。

虽然挑战重重，但我国的 4G 网络依然堪称精品，其背后的技术实力可见一斑。经常穿梭于我国国内外的商务人士、旅游达人等对此感触最深。

在欧美国家，沉浸在森林公园如画风景中的你，若想通过手机发个朋友圈与亲友分享，恐怕很多情况下难以实现，因为手机信号没有覆盖或覆盖较差。同样的情形，也时常出现在城市郊区、地铁、地下室等场景中。

而在我国，这是难以想象的，也是广大用户难以容忍的。高至中国第一高楼、深至井下 500 m 之处、快至 300 km/h 的高铁列车中，4G 网络都使用无虞。

超高层建筑的移动通信网络覆盖是一大难点。施工协调难、室内深度覆盖难、高速电梯覆盖难……

上海中心大厦，主体建筑 119 层，总高 632 m，截至 2017 年，它是中国第一高、世界第二高摩天大楼。这里，4G 信号满格！上海中心大厦的超高速电梯，运行速度达 18 m/s。若采用传统技术，在电梯高速运行时，风压很可能导致轿厢内的天线直接解体。通过科研人员的技术攻关，这一问题得以成功解决。置身上海中心大厦的超高速电梯内，你依然可以随时接打电话、上网聊天。

比超高层建筑覆盖更难的是高铁的 4G 信号覆盖，其核心难点就是两个字：高速。

你能想象出一部以 200 ~ 300 km/h 的速度运动的手机，和另外一部手机通话时的无线信号走向图吗？画面相当惊人。当高铁运行时，手机信号会在不同基站之间不停地切换，高铁速度越快，信号切换越快，很容易造成手机信号延迟甚至中断。而且，高铁的全封闭车厢也会导致手机信号衰减。

如何在高铁车厢内实现手机不掉线？必须在高铁沿线建设大量通信基站，遇到穿山越岭的高铁线路，基站建设密度更大、难度更高。

西成高铁（西安到成都）是我国首条穿越秦岭的高速铁路，全线隧道占比 55%，穿越秦岭山脉时隧道占比高达 95%。为了让旅客们全程都能顺畅使用手机，沿着西成高铁沿线，移动 2G 基站每隔 1 km 一处、4G 基站每隔 500 m 一处；电信 3G、4G 基站每隔 1 km 一处；联通 3G、4G 基站每隔 500 m 一处。据通信施工人员介绍，为保证无线信号的精准发射和接收，用于传输信号的漏泄同轴电缆设置在隧道的洞壁上，精准悬挂于距离轨面 2.6 m 处。这一高度正好与高铁车窗的上沿对齐，漏泄同轴电缆的开槽朝向车窗，从而满足了列车的无线覆盖需求。

相比城市人群密集地带的基站建设，对运营商而言，高铁沿线的通信投入相当高，产出则相当低，而西成高铁等山区高铁每千米的通信设备造价则更高，约是平原地带的 3 倍。

当您乘坐高铁，穿梭于祖国大好河山之间，惬意地用手机上网冲浪，与友人分享着沿途的秀丽风光时，请想一想那些在恶劣环境中艰辛奋战、默默攻关的通信建设者们。如果有时您偶尔遇到手机掉线的情况，请多一些宽容，多一分理解。他们正在努力，一切会变得更好。

我国的移动通信系统设备问鼎世界

依托本土优势，我国的 4G 技术 TD-LTE 为通信设备产业带来了绝佳的发展机遇，而我国的通信设备制造商则紧抓机遇，大胆创新、大胆投入，在全球通信行业打响了"中国制造"的品牌。

回忆当年的情形，其实满是风险。那时，对于 TD-LTE 这一源于中国的 4G 技术，全球很多通信设备制造商都持有怀疑态度，不愿涉足 TD-LTE 设备研发，更不敢投入。

买不来，求不来，也讨不来，唯有自力更生！而这也逼得我国的通信设备制造商必须承担起国家责任，在技术创新路上奋勇前行。

华为为推动 TD-LTE 产业化，专门成立了"TD-LTE 产业发展部"，做大 TD-LTE "朋友圈"，携手消除产业链短板。同时，华为还与全球管制机构合作，推动和引导 TDD 频谱的发放与有效使用，积极引导全球领先运营企业加入 TDD 阵营，加强与 NGMN（Next Generation Mobile Networks，下一代移动通信网络）、LSTI（LTE/SAE Trial Initiative，LTE/SAE 试验联盟）、3GPP 等国际组织的合作，助力 TD-LTE 的产业化、国际化进程。

中兴大力投入 TD-LTE 无线系统、芯片以及终端等设备研发，在美国、欧洲以及我国深圳、上海、西安、南京等地建立 8 个 TD-LTE 研发中心，5000 多名研发精英同步进行 TD-LTE 无线接入、核心网、终端、芯片和业务平台等完整的产品系列研发。

中国信科全力投入 TD-LTE 设备研发。南京封闭项目组，100 多名技术专家组成通信"钢七连"，不抛弃、不放弃，经过 3 个多月的艰苦攻关，累计加班 25 000 小时、人均加班 300 小时，终于成功打通 TD-LTE 网络测试的首个电话。

…………

联合创新、联合攻关、联合突破，我国的通信设备制造商化被动为主动，取得了 4G TD-LTE 技术领域的一系列创新成果，引发全球瞩目。例如，攻克 TDD 宽带、高速移动和大容量等全球性技术难题，原创性地提出基于 TDD、OFDM 和多流智能天线的系统方案，实现了百兆高速率、10 倍于 3G 的大容量；攻克了大带宽高速率、多模多频、低功耗、复杂干扰等 4G 产品难题；克服了 TD-LTE 网络建设运营面临的频段高、频谱散和场景复杂等困难，提出了高效干扰控制、基于用户体验的网络规划和体系化覆盖及优化等方案……

随着技术实力的不断增强，依托我国主导的TD-LTE 在全球广泛部署，我国通信设备制造商的 4G 设备开始接入全球电信运营商的网络之中，至今已在 50 余个国家和地区部署了 100 多张 TD-LTE 商用网络。统计数据显示，全球 4G 基站市场中，中国厂商拿下了超过 50% 的份额。

根据全球知名信息提供商 IHS Markit 的统计数据，2017 年全球市场份额排名前五的通信设备制造商，中国就有两个。

我国通信设备制造商的崛起与强大，"中国制造"名片在高科技领域的蜚声四方，引发了美国的极大恐慌，导致了近年针对我国中兴、华为等高科技企业的无理打压。

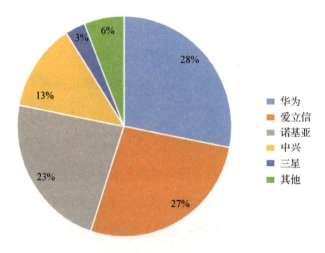

2017 年全球通信设备制造商市场份额

我国的移动终端闪亮全球

10 年，足够改变一个行业。例如，手机。

2009 年 3G 在我国正式商用之初，全球手机厂商前六强分别为诺基亚、三星、摩托罗拉、LG、索尼爱立信、中兴。作为中国手机品牌的代表，中兴的市场份额还不到 5%。

随着苹果引发的智能手机革命席卷全球，有人"退群"，有人"噤声"，有人崛起，一个全新的手机"江湖"出现了。

根据市场研究公司 IDC 报告，2019 年第一季度，全球智能机出货量前六强分别为三星、华为、苹果、小米、OPPO、vivo，一同包揽全球市场总份额的 76.7%。其中，三星手机出货量达 7190 万部，同比减少 8.1%，市场份额为 23.1%；华为手机出货量达 5910 万部，同比大增 50.3%，市场份额为 19.0%。全球手机厂商前六强，中国占据 4 席，拿下了全球手机市场份额的 41.9%。

这 10 年，正是我国移动通信行业在自主创新路上摸爬滚打、披荆斩棘的 10 年。伴随我国主导的 3G TD-SCDMA、4G TD-LTE 的产业化、商业化，我国民族手机企业逐步发展壮大，并成功颠覆"低价劣质"的形象，争胜全球中高端手机市场。

与系统设备面临的情形如出一辙。TD-LTE 发展之初，国外终端制造企业同样持观望态度，华为、中兴、联想、酷派等民族终端制造企业踏上了艰难的 TD-LTE 终端创新之路。

为了尽快消除 TD-LTE 终端短板，中国移动真金白银大力补贴，并全力推动多模多频手机研发，进一步加速了 TD-LTE 和 LTE FDD 的产业融合。这些举措产生了两大深远影响：一是成功驱动 TD-LTE 全球产业快速发展；二是成功引领中国手机产业打入全球市场。

随着 TD-LTE 在我国以及全球的规模化商用部署，我国当年背水一战的手机厂商逐渐崛起，不仅在中低端市场大红大紫，而且在高端市场崭露头角，不仅在国内市场优势明显，而且在全球市场表现抢眼。

然而，必须承认，我国手机产业虽已进入全球第一阵营，但技术实力距离全球领先水平还有很大差距。数据显示，全球六大手机厂商中，三星（包括面板、芯片、镜头、半导体等）以 32.4 万项专利和 18.9 万项授权专利位居第一，远超其他竞争对手。

智能手机主要由芯片、显示屏、摄像头、功能件、结构件、无源器件和其他部分组成，其中芯片、显示屏、摄像头属于核心零部件，对手机整体性能影响最大。在这些核心技术领域，美日韩优势突出，我国在芯片等上游领域短板明显。

我的"中国芯"，奋力追赶

缺"芯"，心痛！

2018—2019 年，从中兴到华为，美国的禁令严重打击了我国在高科技领域实力最雄厚的两家企业，我国缺"芯"的短板给国人带来了极大的冲击。

不掌握上游高端核心芯片、操作系统等核心技术，就永远不能摆脱被"卡脖子"的被动局面。必须放弃幻想，自力更生！

芯片，内含集成电路的硅片，是 ICT 技术之"魂"，技术门槛之高、投资风险之大、所需资金之巨，非其他产业可比。业内普遍认为，芯片的创新发展必须顺应市场化迭代规律，如照搬"两弹一星"等非市场化大投入创新模式，则很难成功。

在移动通信领域，芯片同样是核心，是短板，其研发涉及通信标准和关键技术、基带和射频研发设计、集成电路设计制造、各类相关元器件、软件集成和研发，甚至材料学等众多领域与环节。

面对国外企业在 GSM、CDMA、WCDMA 等移动通信技术芯片领域的绝对领先，我国奋起直追，借助自主创新的 TD-SCDMA、TD-LTE 技术，在壁垒森严的芯片领域撕开了一条口子，推动我国移动通信芯片产业从 2G 时代的"无芯"走向 3G 时代的"有芯"，直至 4G 时代逐渐变强的"中国芯"。

特别是在 TD-LTE 产业大发展的带动下，中芯国际、华为海思、创毅视讯、展讯、大唐联芯、中兴微电子、重邮信科等中国芯片企业，在多模 TD-LTE 基带芯片技术、TD-LTE 射频芯片关键技术、多频段 LTE 射频芯片开发技术等领域取得了重大成果。

当前，我国芯片设计水平提升了 3 代以上，海思麒麟 980 手机芯片采用了全球最先进的 7 nm 工艺；制造工艺提升了 1.5 代，32/28 nm 工艺实现规模量产，16/14 nm 工艺进入客户导入阶段；存储芯片进行了初步布局，64 层 3D NAND 闪存芯片将在 2019 年底量产；先进封装测试规模在封测业中占比达到约 30%；刻蚀机等高端装备和靶材等关键材料取得突破……

TD-LTE 创新树（孙忠营、邵素宏／制作，数据截至 2016 年）

数据显示，2012 年以来，我国集成电路产业以年均 20% 以上的速度快速增长，2018 年全行业销售额达 6532 亿元，我国芯片企业的全球市场份额也从 3G 时代的 1.5% 跃升至 4G 时代的 16%。

必须承认，与国际先进水平相比，我国芯片产业在总体设计、制造、检测及相关设备、原材料生产等方面还有相当大的差距。万里不惜死，一朝得成功。我们所能做的，唯有静下心，奋起直追不言弃。

5.7　走向世界，影响全球

我国拥有自主知识产权的 3G 国际标准 TD-SCDMA，让我国成功步入世界科技竞争的核心舞台，该标准成为我国高新技术领域自主创新的一座里程碑。然而，中国通信人心中仍有那么一丝遗憾：这个我们千辛万苦树立的世界标准并没有真正走出国门，全球有且只有中国移动一家运营商建设了唯一一张 TD-SCDMA 网络，世界知名芯片及终端制造商依然游离于 TD-SCDMA 产业之外。

天下大势，浩浩汤汤。不融入全球化的潮流之中，留守孤岛，终将艰难维生。中国通信标准唯有真正赢得国际认同，才能带动中国通信行业实现整体性突破，并在后续标准的竞争中赢得更加广阔的未来。中国通信人不仅仅要让 TD-LTE 成为世界标准，还要积极向全球推广 TD-LTE。

万事开头难

作为 TD-LTE 最积极的推动者，中国移动在工信部等主管部门的大力支持下，充分发挥其在全球通信行业的影响力，担起了这一中国 4G 技术的国际化推广重任。

2008 年初，中国移动调集一批技术精英组成 TD-LTE 全球化推进团队。一方面，他们借助 ITU、NGMN、GSMA（Global System for Mobile Communications Association，全球移动通信系统协会）等国际组织，利用 GSMA MWC（Mobile World Congress，世界移动通信大会）、世博会、亚运会等国际性舞台，举办面向全球的各类大型国际 TD-LTE 宣传展示活动，以扩大全球认知，赢得广泛支持；另一方面，他们发挥中国移动这一全球最大运营商的影响力，积极与国际运营商、产业界合作，寻找突破口。

在巴塞罗那召开的 MWC 就是一个绝好的机会！

中国移动决定主动出击，在这一通信行业的"奥运会"上打响 TD-LTE。然而，此时距离每年 2 月召开的 MWC 仅有 1 个多月的时间，而且中间还包括我国的传统春节假期。对于当时从未在国外组织过国际会议的中国移动来说，时间实在太短、太仓促了。

如何策划好 TD-LTE 面向全球的第一次亮相？重担交给了中国移动研究院无线与终端技术研究所。

对所里这群搞技术的通信工程师而言，国际化推广是个全新课题。大家一开始都有些"懵"。会议如何筹备？邀请哪些人士？沟通哪些内容？传递什么信息？新闻稿怎么写？会场怎么布置？没有经验，更没有基础。所有能调动的人力、资源全部调动起来，言辞恳切的邀请函发往全球各地。沟通、确认、更改，再沟通、再确认……1 个月的时间，仅中国移动研究院会议沟通组发出的电子邮件就有上万封，会议其他筹备工作更是难以计数。

在巴塞罗那，中国移动首次在国外召开了研讨会。会议室设在酒店地下一层，房间没有任何装饰，空间也略显局促，U 形会议桌旁坐满了人，一切看上去有些简陋。但是，仔细辨认与会人员就不难发现，在这个简陋房间里召开的会议绝不简单！来自中国移动、沃达丰、Verizon、英特尔、高通、爱立信、华为、中兴等全球知名通信企业的 20 余位高管悉数在位，影响全球移动通信未来格局的讨论就在此进行。

中国移动在发言中对 TD-LTE 标准优势的详尽阐述、对 TD-LTE 产业发展的积极展望，受到了与会运营商和制造商的关注。一位来自沃达丰的资深通信专家在会后表示："我工作多年，参加了很多国际会议，但是像今天这样与会者一致支持的情形，还是第一次看到。"

我国主导的 TD-LTE 技术的首次国际亮相成功了！那晚，几乎所有参与巴塞罗那会议筹备的通信人都失眠了。回顾以往，我国通信行业在国际上曾经遭遇了多少刁难与对抗、多少推诿与质疑，如今的一致支持实在是来之不易。

巴塞罗那"首秀"成功后，TD-LTE 全球化推进团队连续出击，时任中国移动副总经理的沙跃家利用所有可能的机会，亲自带队拜访了全球几十家相关企业，登门推广 TD-LTE。2011 年 2 月，中国移动又在巴塞罗那召开的 GSMA 第 48 次董事会上，大胆提出 TDD/FDD 从芯片层开始融合发展的思路，在诸多运营巨头中引起强烈反响并最终得到一致认可。此次会议向全球产业界传递了一个明确信号，全球主要运营商均支持 TDD/FDD 融合发展，一举激发了国际通信行业参与 TD-LTE 创新的热情。

揭秘 GTI，首个由中国主导的国际通信组织

2008 年以来，TD-LTE 在全球的名声逐渐打响，但在与国际人

士的沟通中，中国移动意识到，在国内 TD-LTE 商用尚无时间表但 TD-LTE 全球化步伐又异常紧迫的情况下，仅仅依靠"搭车"国际组织的会议推广 TD-LTE 还远远不够，"中国有必要主导一个国际联盟组织，来落实 TD-LTE 的全球化进程"。

中国主导的第一个国际通信组织，起个什么名字呢？

"我们的联盟名称可否叫 Global TD-LTE Initiative，即 TD-LTE 全球发展倡议，缩写为 GTI？"中国移动副总经理李正茂的倡议得到了大家的一致认可。

一切从零开始！GTI 的目标是什么？章程怎么写？会员有什么权利和义务？如何组织 GTI 会议？怎么设置议题？各成员如何有效沟通？无数个问题涌向中国移动研究院 GTI 筹备组。

"一开始真觉得挺难的，有一种无从下手的感觉。"千头万绪的组织工作、纷繁复杂的筹备事务、时差错位的沟通联系……凭着一股子不服输的韧劲儿，这些年轻人终于看到了曙光。中国移动发出的邀请得到了国际运营商的积极响应，沃达丰、Orange、NTT DoCoMo、KPN 等纷纷表示对 GTI 很感兴趣。

与 TD-LTE 相关的每一件事情似乎都没有先例。在中国移动研究院的年轻人看来，每一次突破都像是一次创业，殚精竭虑，但收获满满。创建一个我国主导的国际性组织，他们原先没有想过，以前国内也从来没有人做过。可以预见的困难和挑战反而让这群年轻人格外兴奋。

经过一系列艰苦的前期准备，2011 年 2 月世界移动通信大会期间，中国移动联合日本软银、印度巴帝电信、美国 Clearwire、英国沃达丰、德国 E-plus 和波兰 Aero2 这些国际运营商共同发起成立了 TD-LTE 国际合作平台，即 TD-LTE 全球发展倡议（GTI）。GTI 的成立，标志着全球性 TD-LTE 产业合作平台的诞生，而这一组织完全由我国主导和运作。

我国主导的 GTI 以构建全球市场和加速 TD-LTE 商用为两大主要工作方向，开创性地通过举办大型国际峰会、建立 GTI 官方网站、定期推送 GTI 英文产业简报等一系列推广活动，在全球广泛宣传 TD-LTE 技术，成功赢得了全球产业链、国际运营商、国际组织以及各国管制机构的关注和支持。

2013 年 2 月，中国移动高调发布"双百"计划：4G 网络覆盖超过 100 个城市，4G 终端采购超过 100 万部。在 TD-LTE 拓展全球市场的关键时刻，此举有力提振了产业信心，高通、苹果等国际顶尖企业纷纷加入 TD-LTE 阵营，TD-LTE 国际化之路正式迈向全球产业积极参与的正反馈发展轨道。

随着 TD-LTE 在中国商用化的成功，GTI 的"朋友圈"也越来越大。数据显示，截至 2019 年 5 月，GTI 已经吸引了全球 135 家运营商和 210 余家厂商参与。

中国标准花开全球

随着全球移动通信市场迅速走向宽带化，频谱资源愈发稀缺，在稀缺的频谱资源中找到对称的 FDD 频段变得越来越困难。此时，原来未受足够重视、未能充分利用的 TDD 频谱凸显出重要的战略地位，中国创新对世界通信发展的贡献也得到了全球业界的广泛认同。

一方面，传统 FDD 主流运营商竞拍 TDD 频谱。与 3G 时代无人问津形成鲜明对比，传统运营商均积极参加欧洲移动宽带 TDD 频谱拍卖，开展 TD-LTE 网络测试，大力推动 LTE TDD/FDD 的融合发展。另一方面，TDD 频谱价值凸显。2010 年以后，多国 TDD 频谱的拍卖价格已与 FDD 比肩，与 3G 时代 TDD 频谱分配数量少、价格低廉的情况形成鲜明对比。

TD-LTE 是 TD-SCDMA 的演进方向，也是 WiMAX、PHS 等全球 TDD 技术的演进方向，它为大量此前长期未能充分利用的 TDD 频谱提供了高效的应用方案，为全球各类运营商带来了广泛的发展机遇，对新技术变革中信息化平台构建、新兴产业培育有着重要的贡献，有助于促进全球移动宽带的普及和社会的发展。

截至 2018 年初，全球已有 58 个国家和地区部署了 111 张 TD-LTE 商用网络，其中包括 37 张 LTE TDD/FDD 融合网络，TD-LTE 的全球用户数超过 12.6 亿户。

突破性的思维带来突破性的收获，创新的实践带来创新的成果。持之以恒的国际化战略的成功实践，为我国主导的 TD-LTE 标准布局全球 4G 市场奠定了坚实基础。

5.8　闯出科技创新路

"要紧紧牵住核心技术自主创新这个'牛鼻子'，抓紧突破网络发展的前沿技术和具有国际竞争力的关键核心技术，加快推进国产自主可控替代计划，构建安全可控的信息技术体系。"2016 年 10 月 9 日，习近平总书记在主持中共中央政治局就实施网络强国战略进行的第三十六次集体学习时强调。

自主创新，从来不易，特别是在以移动通信技术为代表的高科技领域。

2017年1月9日，这是我国移动通信史上一个值得铭记的日子——"第四代移动通信系统（TD-LTE）关键技术与应用"荣获2016年度国家科学技术进步奖特等奖。这是我国通信领域首次获得国家科学技术进步奖特等奖，标志着我国移动通信行业登上了科技创新的高峰。

这一殊荣的背后，是我国拥有自主知识产权的通信国际标准从3G时代国内市场"三分天下有其一"到4G时代占据全球半壁江山的伟大跨越，是我国移动通信行业从跟随到突破直至同步世界一流水平的历史性转折。

统计数据显示，仅2013年到2015年，TD-LTE累计直接产值（网络设备、智能终端、运营收入）达到1.29万亿元。其中仅2015年TD-LTE的经济总贡献就达到8210亿元（直接经济贡献2220亿元，间接经济贡献达5990亿元），占GDP增长的9.6%。

工信部部长苗圩评价说，推广TD-LTE是我国占领无线宽带移动通信行业制高点的一项重大举措，推动TD-LTE产业发展壮大可以促进提升通信企业的综合实力和国际竞争力，为我国发展自主可控的宽带移动通信行业、保证国家网络和用户信息安全奠定坚实基础。同时，TD-LTE产业发展对我国扩大内需、经济转型升级将发挥重要作用。

所有参与、见证TD-LTE发展的人士都深知，今日成就是数十年的积淀，TD-LTE取得市场化成功的原因值得深思。

1. 频谱匮乏时代，TD-LTE技术优势突出

全球已进入无线宽带时代，频谱缺口巨大，2020年各国频谱需求将达到1600～1800 MHz。因此，TD-LTE能够高效利用非对称频率，具有

适用于移动互联网上下行不对称数据流量的优势，引发了全球电信运营商的热切关注，得到国际通信行业的广泛支持。通信专家曾做过一个形象的比喻，对称的FDD就像城市双行道，不对称的TDD则像更高效的单行道。城市发展初期，双行道流行；土地资源紧缺时，单行道成为必需。频谱资源稀缺的现实给TD-LTE这一高效利用频谱的4G技术带来了广阔的发展空间，而TD-LTE也为世界移动通信的可持续发展贡献了中国方案、中国智慧。

2. 政府协调有力，充分发挥国家整体优势

纵观全球通信史，一个国家的技术走向的选择，从来不完全取决于技术本身的先进性，其背后是知识产权的争夺、产业发展的较量、市场格局的整合，甚至国家战略权益的考量。仅凭技术优势，TD-LTE如何能在各种力量的围追堵截中，从标准化一步步走向产业化、商业化？深受科技落后之痛的中国近代史证明，我们没有别的选择，非走自主创新的道路不可。要走这条道路，单枪匹马是不可能成功的，政府的支持不可或缺。

面对稍纵即逝的战略机遇，发挥国家整体优势"集中力量办大事"成为必然选择。TD-LTE是我国创新驱动发展的典型案例，得到了中央高层的高度重视，得到了工信部等相关部委的联动扶持，得到了各级地方政府的大力支持。

2007年11月，TD-LTE被正式写入3GPP标准，之后仅1个月，国务院就召开常务会议，审议并通过了"新一代宽带无线移动通信网"国家科技重大专项实施方案，TD-LTE被列为仅次于"飞天登月"工程和杂交水稻工程的第三项国家重大科技创新专项工程。2008年3月，刚刚组建

的工信部专门成立了一个覆盖 TD-LTE 产业链各环节的"TD-LTE 工作组"，以有序推进 TD-LTE 产业化。统计数据显示，2008—2013 年，国家财政对 TD-LTE 投资超过 40 亿元。

从加强顶层设计到协调关键资源，从重大专项支持到保障网络建设施工，如果没有这些有利的政策和市场环境，就没有 TD-LTE 市场化的初步成功。

3. 市场牵引拉动，运营主导协同创新

创新的主体是企业。在 TD-LTE 的发展过程中，中国移动充分发挥市场牵引作用，引领产业链协同创新意义重大。"相比 TD-SCDMA，TD-LTE 是个幸运儿，不仅在发展之初就得到了国家科技重大专项的支撑，而且一开始就得到了中国移动的有力支持。"工信部通信发展司司长闻库如是评价。早在 TD-LTE 角逐全球标准之初，中国移动就加入了 TD-LTE 工作组，并在标准制定、技术创新、规模化测试中发挥了重要作用，特别是在 TD-LTE 产业化、商业化进程中，中国移动全力投入 4G，引领系统、终端、芯片、天线、测试、仪表、软件等产业各方合力共举，探索了一条"从标准到产品、从设备到组网、从技术到应用、从分散产业链到完整产业链"的协同创新路径，不仅激发了本土企业的技术创新热情，而且吸引了全球实力企业对中国 4G 的支持。

4. 国际化的视野，开放合作的理念

从 TD-LTE 诞生的第一天起，我国通信行业就确立了"融合发展、同步发展、国际化发展"的目标，以国际视野、开放姿态，积极与国际主流技术融合，大力吸引国际主流企业加入产业链。我国通信行业尽全力打破

了"世界标准自己玩"的怪圈，尽全力破解了我国自主创新与吸纳国际先进经验高起点发展的矛盾。如今，TD-LTE 已经成为全球 TDD 技术共同演进的方向，我国也成为全球最大的 TDD 研发与产业基地，为在 5G、6G 等后续标准的竞争中抢占先机赢得了更多可能。

尾声

"我的网络质量，就是我的生活质量。"

"手机不是万能的，但没有手机是万万不能的。"

…………

4G 时代，无网络不人生，无手机不生活。手机，无论男女老少，包揽衣食住行，传承琴棋书画，纵横市井田园，陪伴生老病死……一部小小的智能手机，竟可以满足马斯洛提出的生理、安全、社交、尊重以及自我实现的 5 个层次的需求。手机，已经成了我们的助手，成了我们的朋友，成就了我们的事业。

而我们所享受到的这一切，正是源于宽广的网络覆盖、优异的网络质量、领先的技术实力、丰富的移动应用、低廉的使用成本所综合作用的"化学反应"，这些因素缺一不可。

庆幸的是，中国抓住了稍纵即逝的时代机遇，实现了移动通信发展与世界的同步。

感谢那些大胆决策、闯关夺隘、奋勇创新、默默奉献的中国通信人。

第六章

智能 5G，改变社会

引子

从诞生之日起，5G 就引起了全社会的瞩目，仿佛自带主角光环，无论什么时候，都是人气焦点。如果不能谈两句有关 5G 的话题，似乎就要落伍于时代。

4G 改变生活，5G 改变社会。2016 年，中国移动总经理李跃在中国移动全球合作伙伴大会上首次提出的这一概念，已经成为 5G 最深入人心、最广为传播的注解。5G 究竟有什么神奇之处？为什么会引起从普通大众到行业精英如此广泛的关注？5G 又会给我们带来什么改变？给社会运行方式带来什么冲击？

让我们一起探究 5G 的技术奥秘。

6.1　5G，你好

什么是 5G

5G，就是 5th Generation Mobile Networks（第五代移动通信网络），也可以称为 5th Generation Wireless Systems（第五代无线通信系统），它是 4G 的下一代演进技术。5G 只是新一代移动通信技术标准的"小名"，它的

5G 图标

"大名"（法定名称）叫作 IMT-2020。这个名称是 2015 年 10 月在瑞士日内瓦举办的 ITU 无线电通信全会上，由 ITU 正式确定的。

早在 2010 年前后，欧盟、日韩、美国和我国就已经纷纷启动了对 5G 标准的研究。

我国的 5G 技术研发试验是在政府领导下，依托国家科技重大专项，由 IMT-2020（5G）推进组负责的。IMT-2020（5G）推进组于 2013 年 2 月由工信部、国家发展改革委和科技部联合推动成立，涵盖国内移动通信领域"产学研用"的主要力量，是推动国内 5G 技术研究及国际交流合作的主要平台。

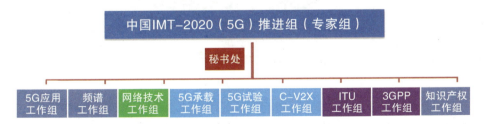

IMT-2020（5G）推进组的机构设置

[来源：IMT-2020（5G）推进组官网]

ITU 启动 5G 标准研究之初，曾面向全球征集 5G 的指标要求，以及大家对 5G 的意见和期望，即希望 5G 实现哪些功能、解决哪些问题。

我国提出的方案就是后来我们经常看到的"5G 之花"。这朵"5G 之花"源自中国移动研究院技术专家们的创意，详细描述了我国对 5G 关键指标和特性的期望。例如，峰值速率能达到几十吉比特 / 秒、端到端时延能控制到毫秒级。

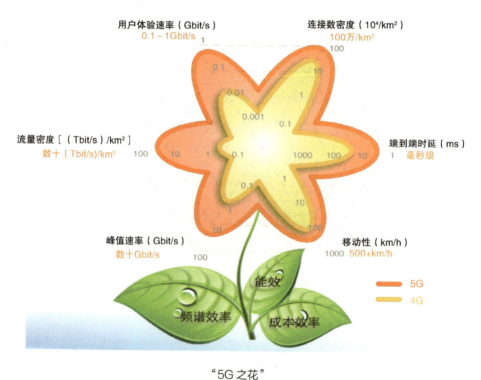

"5G 之花"

[根据《IMT-2020（5G）推进组 5G 愿景与需求》白皮书中的图修改]

其他国家也分别提出了各自对 5G 的看法和期望。例如，韩国提出的是"火车头模型"。

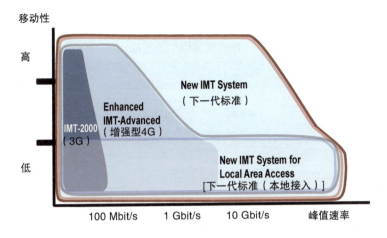

"火车头模型"

最终，ITU 综合各国意见，确认了 5G 的正式指标要求，这一指标要求也被业界称为"蜘蛛网模型"。

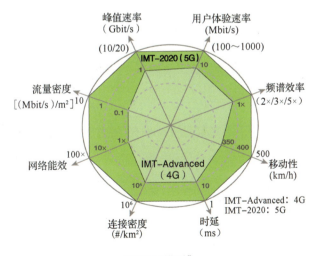

"蜘蛛网模型"

这个模型采纳了中国"5G 之花"中的大部分指标项目，归纳来说，就是下表中的要求。

"蜘蛛网模型"的指标

指标	ITU 的要求值
流量密度	每平方米 10 Mbit/s
连接密度	支持每平方千米 100 万个用户终端
时延	空中接口时延可达到 1 ms
移动性	支持终端以 500 km/h 的速度移动
网络能效	100 倍
频谱效率	2 倍 /3 倍 /5 倍
用户体验速率	可达 100 ~ 1000 Mbit/s
峰值速率	可达 10 Gbit/s 或 20 Gbit/s

这些指标和常见的网络指标有很大不同，其中的连接密度、时延等指标，远远超过了正常手机用户的需求。5G 在设计之初，就不只是为手机服务的。它主要的服务对象是 IoT（Internet of Things，物联网）。以手机移动通信为代表的消费互联网又称"人联网"，其连接对象是人，而物联网的连接对象，当然就是世间万物。

2015 年 9 月，ITU 正式确认了 5G 的三大应用场景，分别是 eMBB、uRLLC 和 mMTC。

eMBB（enhanced Mobile Broadband，增强型移动宽带）是现在的移动宽带的升级版，主要服务于消费互联网。在这种场景下，强调的是网络的带宽 / 速率。

uRLLC（ultra Reliable & Low Latency Communication，低时延、高可靠通信）主要服务于物联网场景，例如车联网、无人机、工业互联网等。这类场景对网络的时延和可靠性有很高的要求。

　　mMTC（massive Machine Type Communication，海量机器类通信）也称为大规模物联网，是典型的物联网应用场景，例如智能井盖、智能路灯、智能水表 / 电表等。

　　这 3 种 5G 应用场景，只有 eMBB 以提供人联网服务为主，uRLLC 和 mMTC 都是提供物联网服务的应用场景。

5G，开启万物智联新时代

　　5G 之所以要向物联网的方向发展，是时代进阶的需要。

　　从 1G 到 4G，人类的基本通信需求已经得到了很大程度上的满足。虽然我们已经满足了人与人之间的通信需求，建设了美好的数字生活，但是农业、工业、能源、科研、教育、医疗、物流、城市管理等领域都有数字化、信息化和网络化的需求。这就引出了一个重要的新概念——工业互联网。消费互联网加上工业互联网，才是完整的互联网。

　　随着互联网普及率的不断提升，以个人应用为主的消费互联网的发展已经接近饱和状态。相对而言，工业互联网是一片更为广阔的蓝海市场，有更迫切的需求，也有更庞大的用户群。我们不再局限于数字生活，而是升级到了数字经济这一更高维度，可以建设数字城市、数字工业、数字农业、数字物流，等等。在工业互联网领域，我们需要的是物联网。

　　2005 年 11 月 27 日，在突尼斯举行的信息社会世界峰

完整的互联网

会上，ITU 发布了《ITU 互联网报告 2005：物联网》，正式提出了物联网的概念。此后，越来越多的企业加入这一领域，努力推动相关技术和产业的发展。

但是，物联网的概念提出后的十余年来，其发展速度并不令人满意，既没有很突出的产品出现，也没有获得用户的认可，整体普及程度并不高。这其中很重要的一个原因，就是物联网技术本身不够成熟，而且行业未能形成统一的标准。

4G 时代，4G LTE 衍生出了蜂窝物联网技术 eMTC（enhanced Machine-Type Communication，增强型机器类通信）和 NB-IoT（Narrow Band-IoT，窄带物联网）。这类新型物联网技术的出现极大地丰富了物联网的应用场景，也满足了越来越多行业用户的需求，给物联网的发展注入了活力。

时至今日，人类社会面对工业互联网发展的历史机遇，希望通过先进的通信技术（物联网技术）和 IT 技术，帮助各行各业进行数字化、网络化、智能化的改造，实现"互联网 +"和"互联网赋能"，全面走向数字经济时代。

5G，作为 4G 的接班者，作为目前最先进的蜂窝移动通信技术，就顺理成章地承担了"改变社会"的历史使命，成为开启"万物智联"时代大门的金钥匙。

5G 标准制定的进展

前文我们提到，ITU 确认了 5G 的官方名称、技术指标和应用场景。不过，ITU 主要负责标准的立项和成果鉴定，并不负责具体的技术研究。真正的标准研究和制定工作交给了 3GPP。3GPP 研究并制定了 WCDMA 这个最成功的 3G 标准，后来又推出了更加成功的 4G LTE 标准。在大家看来，由它负责 5G 标准的研究，是再合适不过的了。

3GPP 接到任务之后，就立即开始按 5G（IMT-2020）标准的时间表着手各项具体技术的标准研究工作。

5G（IMT-2020）标准的时间表

5G 标准的制定一共分为两个阶段。第一阶段，发布的是 3GPP Release 15（简称 R15）版本，重点是确定 eMBB 场景的相关技术标准。也就是说，先重点满足带宽提升的要求。2019 年上半年，这个阶段已经成功完成。R15 版本已经正式发布。第二阶段，将发布 3GPP Release 16（简称 R16）版本，也就是完整的 5G 标准。这一版本将包括 uRLLC 和 mMTC 场景相关的技术规范。这个阶段的预计完成时间是 2020 年 6 月。也就是说，目前 5G 标准只完成了一半，剩下的部分还要等到 2020 年才能完成。

从商用落地的情况来看，韩国、美国和我国都已经推出了 5G 商用网络。2020 年，3GPP R16 版本发布之后，这些网络会进行必要的升级和改造。

6.2　5G NR 关键技术

5G 作为目前最先进的移动通信技术标准，在性能指标上相比 4G 有了大幅提升。这些提升得益于移动通信领域在关键技术上的长期积累和突破创新。总体上来看，5G 的技术革新主要集中在两个方面：一个是无线空中接口能力的深入挖掘，另一个是网络架构的全面升级。

移动通信网络的架构分为接入网、承载网和核心网 3 个部分。整个系统中最大的瓶颈仍然集中在接入网部分，即终端和基站之间的无线空中接口（简称无线空口）部分。在这个部分，信息数据是利用空间电磁波进行传输的，属于无线通信。而在承载网和核心网部分，信息数据主要是在同轴电缆、双绞线（网线）、光纤这些实体线缆上传输的，属于有线通信。

目前而言，有线通信的传输速率和可靠性远远超过无线通信。

以光纤为例，截至 2019 年 2 月，我国已经首次完成 1.06 Pbit/s 超大容量光传输系统试验，可以在 1 s 之内传输约 130 块 1 TB 硬盘所存储的数据，可以同时容纳 300 亿人打电话。我们平时日常生活中使用的光纤，传输速率也能够达到 1 ~ 10 Gbit/s。

而无线通信方面，Wi-Fi 的理论速率大约是 866 Mbit/s（单天线、802.11ac），4G LTE 理论速率是 150 Mbit/s（FDD LTE，且不采取载波聚合），差距很大。

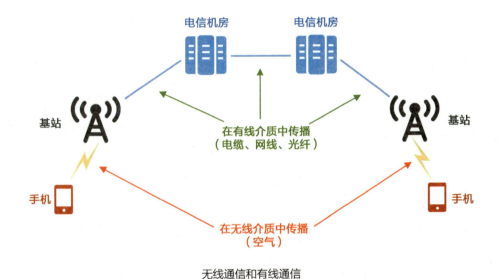

无线通信和有线通信

无线空口是 5G 技术的研究重点。5G 的无线空口有专门的称谓，叫作 5G NR（New Radio），即 5G 新空中接口技术。

接下来，我们就介绍一下 5G NR 的主要关键技术。

毫米波

一直以来，我们主要将频率在 10^{12} Hz 以下的电磁波用于通信。为了避免干扰和冲突，我们在电磁波这条"公路"上进一步划分"车道"，将其分配给不同的对象，用于不同的目的。

普通手机用户使用的是公用移动通信网络。这类通信占用的频率主要是从中频到超高频这个范围的频段。目前，全球主流的 4G LTE 标准所用的频段属于特高频和超高频。

不同频率电磁波的用途

名称	符号	频率	波段	波长	主要用途
甚低频	VLF	3 ~ 30 kHz	超长波	10 ~ 100 km	海岸潜艇通信；远距离通信；超远距离导航
低频	LF	30 ~ 300 kHz	长波	1 ~ 10 km	越洋通信；中距离通信；地下岩层通信；远距离导航
中频	MF	0.3 ~ 3 MHz	中波	100 m ~ 1 km	船用通信；业余无线电通信；**移动通信**；中距离导航
高频	HF	3 ~ 30 MHz	短波	10 ~ 100 m	远距离短波通信；国际定点通信；**移动通信**
甚高频	VHF	30 ~ 300 MHz	米波	1 ~ 10 m	电离层散射通信；流星余迹通信；人造电离层通信；对空间飞行体通信；**移动通信**
特高频	UHF	0.3 ~ 3 GHz	分米波	0.1 ~ 1 m	小容量微波中继通信；对流层散射通信；中容量微波通信；**移动通信**
超高频	SHF	3 ~ 30 GHz	厘米波	1 ~ 10 cm	大容量微波中继通信；**移动通信**；卫星通信；国际海事卫星通信
极高频	EHF	30 ~ 300 GHz	毫米波	1 ~ 10 mm	再入大气层时的通信；波导通信

从 1G 到 4G，使用的电磁波频率越来越高。这是因为低频段的频谱资源实在太稀缺了，频率越高，能使用的频谱资源越丰富，频谱资源越丰富，能实现的传输速率也越高。

到了 5G 时代，使用的电磁波频率就更高了。

5G 的频率范围，分为两种：一种是 FR1 频段，工作频率在 6 GHz 以下，和目前的 4G 差别不算太大，该频段也被称作 Sub-6 频段；另一种是

FR2 频段，频率高出很多，在 24 GHz 以上。

目前，对于 FR2 频段，国际上主要使用 28 GHz 进行试验。关于电磁波有一个重要的物理公式，就是"光速 = 波长 × 频率"。也就是说，电磁波的频率和波长成反比，频率越高，波长越短。如果按 28 GHz 来算，波长约为 10.7 mm。

$$波长 = \frac{光速}{频率} = \frac{300\ 000\ 000\ \text{m/s}}{28\ 000\ 000\ 000\ \text{Hz}} \approx 10.7\ \text{mm}$$

这个就是 5G 的第一个技术特点——毫米波。

既然高频率能带来更高的传输速率，为什么之前我们不用高频率呢？原因很简单，不是不想用，是用不起。

电磁波的一个重要特性是：波长越短，越趋近于直线传播（绕射能力越差）。频率越高，在传播介质中的衰减也越大。

例如我们平时见过的激光笔（所用电磁波的波长为 635 nm 左右），射出的光就是笔直的，若被挡住就过不去了。卫星通信和 GPS 导航（所用电磁波的波长为 1 cm 左右），如果有遮挡物，同样会容易丢失信号。卫星地面站的"大锅"（天线）必须校准瞄着卫星的方向，哪怕稍微歪一点，都会影响信号质量。

移动通信网络如果使用了毫米波这样的高频段电磁波，那么，就会造成传输距离大幅缩短、覆盖能力大幅减弱的后果。

5G 网络覆盖同一个区域，需要的基站数量将大幅超过 4G。

4G 和 5G 的覆盖对比

基站数量激增，意味着投资成本的大幅增加。所以，运营商使用的无线电磁波频率越低，网络建设就越省钱，竞争起来就越有利。这就是为什么运营商都希望获得低频段的资源用于网络建设，低于 1000 MHz 的频段甚至被称为黄金频段。

微基站

为了尽可能减轻网络建设方面的成本压力，5G 还"想出"了其他办法。

首先，就是微基站。

基站按大小和天线发射功率，通常分为宏基站、微基站、皮基站和飞基站。微基站、皮基站和飞基站都很小，所以后两者通常也被笼统地归为微基站。宏基站就是大基站，在室外很常见。微基站就是小基站，主要用于室内。

宏基站

皮基站

其实，微基站此前已被广泛使用。到了 5G 时代，微基站会更多地出现在我们身边。

那么多基站在身边，会不会对人体造成影响？本书第四章已经详细解答过这个问题。其实，和传统认知恰恰相反。大家可以想象一下，冬天在寒冷的教室里，同学们坐在座位上，是采用一个大功率取暖器好？还是采用若干个小功率取暖器好？

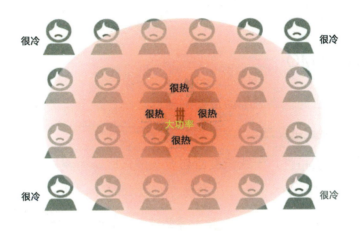

大功率取暖方案

小功率取暖方案

从前页图中可以看出，如果采用一个大功率取暖器，离取暖器近的同学会很热，离取暖器远的同学会很冷。如果采用多个小功率取暖器，各个位置的同学获得的热量会比较均衡，大家都会比较舒服。

同样的道理，如果只采用一个大基站，离得近，辐射大，离得远，信号弱，反而不好。

5G 基站的信号覆盖范围比较小，大量采用微基站，是必然的选择。

Massive MIMO

天线是无线通信系统中最重要的部件之一。为了能实现更高的性能，5G 在天线上做足了文章。

根据天线的特性，天线长度应与波长成正比，为波长的 1/10 ～ 1/4。5G 的工作频率比 2G、3G、4G 更高，故 5G 的波长会很短，达到毫米级。所以，5G 的天线长度相比以往要大幅缩短，也达到毫米级。以前 1G 时代的"大哥大"有很长的天线，而现在的手机都看不到天线，正是因为后者的工作频率高、波长短。

天线长度变成毫米级，意味着它完全可以藏到手机的内部，甚至可以藏很多根。这就是 5G 的第三大"撒手锏"——Massive MIMO（大规模天线阵列）。

在 LTE 时代，我们就已经采用了 MIMO 技术。我们的很多 Wi-Fi 路由器也采用了这个技术。但是，天线数量并不算多，只能说是初级版的 MIMO。到了 5G 时代，MIMO 技术变成了加强版的 Massive MIMO 技术，Massive 就是大规模的意思。

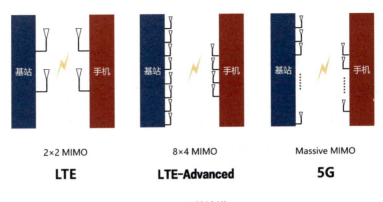

2×2 MIMO   8×4 MIMO   Massive MIMO

LTE   **LTE-Advanced**   **5G**

MIMO 的演进

手机里面能够安装很多根天线，基站就更不用说了。以前的基站，天线只有几根。5G 时代，天线数量不是按"根"来算，而是按"阵"——天线阵列来算，有上百根天线。

天线数量的大幅增加，将有利于提升手机和基站之间的数据传输速率。

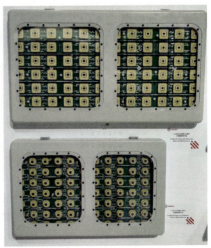

传统基站的天线   5G 基站的天线（其中黄色的是天线阵列）

波束赋形

采用天线阵列技术除了可以增加速率带宽之外，还可以有效提升无线信号的覆盖效果。

我们可以通过灯泡的例子来分析。基站发射信号的时候，比较像灯泡发光。灯泡的光会照亮整个房间。但是有时候，我们只是想照亮某个区域或物体，这样的话，其实大部分的光都浪费了。

基站也是一样，大量的能量和资源都浪费了。

如何才能避免浪费？这里涉及天线的一项重要技术——波束赋形（beamforming）。在基站上布设天线阵列，通过对射频信号相位的控制，使得相互作用后的电磁波波瓣变得非常狭窄，并指向它所提供服务的手机，而且能根据手机的移动而转变方向。这个技术就是波束赋形。

这种空间复用技术由全向的信号覆盖变成了精准指向，波束之间不会相互干扰，在相同的空间中能够提供更多的通信链路，极大地提高了基站的服务容量。

在 5G 系统中，3D 波束赋形既可以实现水平方向的波束赋形，也可以实现垂直方向的波束赋形，对建筑物不同楼层的覆盖效果将会有所提升。

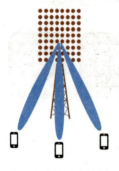

水平方向的波束赋形

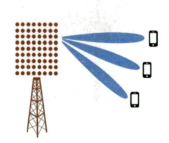

垂直方向的波束赋形

D2D

在目前的移动通信网络中，如果两个终端互相通信，信号是通过基站进行中转的，包括控制信令和数据包。即便是两个终端离得很近，甚至面对面，也是如此。

而在 5G 时代，就不一定是这种情况了。因为 5G 还有第五大技术特点——D2D（Device to Device，设备到设备）。

5G 时代，同一基站覆盖范围内的两个终端，在相互之间的距离满足条件的情况下，如果进行通信，它们的数据将不再通过基站中转，而是直接从终端到终端。

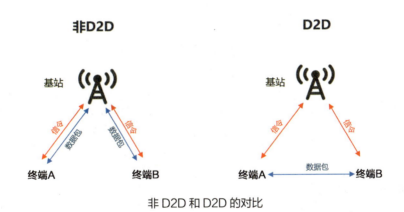

非 D2D 和 D2D 的对比

这样就节约了大量的空中资源，也减轻了基站的压力，有利于降低成本和提升效率。

除了毫米波、微基站、Massive MIMO、波束赋形、D2D 之外，5G NR 还有很多技术创新，例如上下行解耦、非正交多址接入技术等。正是这些技术创新，帮助 5G 极大地提升了空中接口的工作能力和效率，从而奠定了 5G 作为有史以来最强通信技术标准的地位。

6.3　5G 网络架构的改进

想要实现 5G 性能指标的飞跃，只对空中接口做改进肯定是不够的。除了接入网外，包括承载网和核心网在内的 5G 系统的各个环节，都需要进行全面的技术革新。

与此同时，网络运维的成本和效率压力也是对网络进行重构的动力来源。

面对未来不断增长的用户规模，还有日趋激烈的市场竞争，电信运营商面临巨大的赢利压力，迫切需要尽可能地降低网络运营的难度和成本。所以，运营商需要一张支持业务快速部署、容量弹性伸缩、资源动态分配的网络，一张可靠性高、容灾能力强、恢复速度快的网络，一张维护简单、管理灵活的网络。简而言之，就是云化、智能化、绿色化。

5G 的网络架构，究竟做了哪些改进呢？

改进一：网络切片

说到 5G，一定会提到网络切片。网络切片是 5G 网络架构设计的核心技术。

5G 的业务范围非常宽泛，不同的业务场景对于带宽等网络资源的需求是完全不同的。5G 网络不可能根据每个业务来配置各自独立的物理设施，于是在物理网络中通过逻辑控制来划分不同用途的逻辑网络，支撑不同的应用，这就是切片。

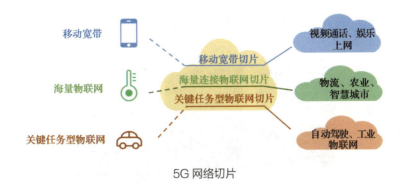

5G 网络切片

这些切片网络之间互相隔离，不受影响，甚至还可以在同一类切片子网络下再次进行资源的划分，形成更低一层的切片子网络。这些切片也有自己的生命周期。如果不再需要某个业务，对应的这个切片就会被收回，可实现灵活调度。

网络切片技术能够很好地满足业务多样化的需求，也可以实现网络资源的高效管理，是 5G 作为融合网络的基本前提。

改进二：NFV/SDN

5G 之所以能够实现各个模块的统一管理和资源切片，就是因为它采用了 NFV 技术和 SDN 技术。

NFV，全称是 Network Function Virtualization，即网络功能虚拟化。现在经常提到的虚拟化，指的就是它。

以前，包括核心网在内的移动通信网络，主要采用的是各个厂家自行设计制造的专用设备。现在，随着 x86 通用服务器硬件的能力不断增强，在这些硬件的基础上，通过虚拟化软件平台（如 OpenStack），把物理计算节点（如 CPU、内存等）、物理存储（如硬盘）、物理网络（如网卡）等硬件资源进行统一管理，按需分配，这就是虚拟化。

虚拟化软件平台

虚拟化之后，若干台物理服务器就变成了一个大的资源池。在资源池上，可以划分若干个虚拟服务器，提供给不同的应用软件使用。

采用NFV可实现软件和硬件更加彻底的解耦，使得核心网那些复杂的网络功能不再依赖单独的硬件设备，既降低了硬件成本，又实现了业务的快速开发和部署，还能够实现自动部署、弹性伸缩、故障隔离和自愈等可大幅提升维护效率、降低能耗的功能。

在NFV的支持下，5G核心网实现了SBA（Service Based Architecture，基于服务的架构），类似于IT里的微服务架构。也就是说，5G核心网中每个网元的功能更加独立，可以单独提供服务。而4G核心网的结构中，很多网元功能和服务都集中在一个设备上，既不灵活，也不安全。

SDN（Software Defined Network，软件定义网络）的设计思路其实和NFV一样，都是通过解耦来实现系统灵活性的提升。NFV是软硬件解耦，而 SDN 是控制平面和数据平面解耦。

传统网络中，各个路由转发节点都是独立工作的，缺乏统一的调配。而 SDN 就是在网络里引入了一个 SDN 控制器节点，用于统一指挥下层设备的数据转发。管理者只需像配置软件程序一样进行简单部署，就可以让网络实现所需要的功能，而不用像以前一样亲自去配置每个网络设备，网络的灵活性和可扩展性大大增加。

NFV 和 SDN 技术是实现 5G 网络切片的前提条件，也是未来网络发展的主要方向。

改进三：MEC 移动边缘计算

5G 网络架构变革中，还有一个很重要的变化，就是 MEC（Mobile Edge Computing，移动边缘计算）。

移动边缘计算是基于 5G 演进的架构，将无线接入网与互联网业务深度融合的一种技术。它利用无线接入网就近提供电信用户 IT 所需服务和云端计算功能，从而创造出一个具备高性能、低延迟和高带宽的电信级服务环境，节约带宽资源，改善用户体验。边缘计算主要是面向时延敏感型业务和资源消耗型业务，例如 VR/AR、车联网、工业互联网、室内定位等。它的本质就是云网融合。云是 IT 的概念，网是通信的概念。换言之，边缘计算有移动通信网络的天然属性，本质上又属于计算中心。它的出现有利于 5G 网络无线能力的开放，也能够提供更多定制化的业务，满足用户多样化的需求。

6.4 5G+XR，沉浸式体验震撼来袭

虽然 5G 有前瞻性的设计，也有优异的性能指标，还有数不清的"黑科技"，但这些都不能保证它一定会取得成功。最终决定 5G 成败的，是其市场表现，是用户的认可度。

相比 4G，5G 的应用领域发生了翻天覆地的变化。它不再局限于为手机用户提供移动互联网服务，更大的"野心"是为整个社会构建网络连接平台，提供全维度的实时网络接入能力。5G 将会渗透到家庭、工业、农业、医疗、教育、商业、金融等各个领域，连接所有行业和生态圈，成为数字经济时代最重要的基础设施。

真正适合 5G 发挥作用的移动互联网场景集中在超高数据带宽的相关应用上，例如超高清视频媒体类业务。相比 4G，5G 的 eMBB 场景网络速率提升了 10 倍以上，应对清晰度极高的超高清视频将更加得心应手、游刃有余。4G 时代短视频业务的爆发展示了视频业务的旺盛生命力和发展潜力。借助 5G 的超高带宽，短视频、长视频以及视频社交会不会演变出新的形态，会不会成为新的移动互联网增长点，是行业内外人士共同关注的话题。

如果说手机视频、电视视频对 5G 不存在刚性需求的话（毕竟 4G LTE 理论上完全可以满足需求），另一个视频形态对 5G 可以说是望眼欲穿了——那就是以 VR/AR 为代表的 XR 技术。下面我们就来了解一下 5G 的最热门的应用之——5G+XR。

VR（Virtual Reality，虚拟现实）的实现过程，是利用计算机模拟产生一个虚拟空间，提供视觉、听觉、触觉等感官的模拟，让使用者可以

即时地、没有限制地观察虚拟空间内的事物，并与之交互。简单来说，就是通过佩戴专门的设备（如 VR 眼镜），制造一个完全虚拟的环境，让你身临其境、沉浸其中。它提供给体验者的是"720 度全景无死角 3D 沉浸观感"。

AR（Augmented Reality，增强现实）则通过计算机技术，将虚拟的信息应用到真实世界，真实环境和虚拟物体实时叠加到同一个画面或空间。

简单来说，通过 VR 看到的场景和人物全是假的（由设备产生图像，放给你看），图像将你的意识带入一个虚拟的世界。通过 AR 看到的场景和人物一部分是真的，另一部分是假的，是把虚拟的信息带入现实世界中。

除了 VR、AR 之外，还有 MR（Mixed Reality, 混合现实），所有这些，我们通常统称为 XR。

5G 和 XR 之间有非常密切的关系。业界普遍认为，XR 将是 5G 最重要也是最先落地应用的领域，而 5G 反过来又很可能是 XR 行业快速增长的强心剂。

XR 技术的本质其实就是用高质量的图像来"欺骗"大脑。想要达到完美的"欺骗"效果，就要满足两个基本要求：第一，完美的视网膜体验；第二，完美的无眩晕体验。这两个要求对系统软硬件及网络能力提出了很高的要求。

想要实现完美的视网膜体验，就要求系统必须具备 16K 的分辨率，并且要求视频帧数达到 120 frame/s。16K 的分辨率，指视频图像像素达到 15 360×8640。目前，市场上主流液晶电视机的分辨率才 4K，也就是像素达到 4096×2160。相同前提条件下，16K 图像的数据量是 4K 图像的

15 倍。120 frame/s 就是每秒 120 帧图像，目前，普通视频一般只有 40 帧，这就意味着二者间有 3 倍的数据量差别。分辨率和帧数两个因素相结合，就是 45 倍数据量的差别。如此惊人的数据量提升，不仅给系统的计算能力带来巨大压力，也对系统的数据通信能力提出严峻考验。

目前的 XR 终端，例如 VR/AR 眼镜、头盔，基本上都不具备独立完成如此海量的数据计算的能力，存储能力也非常有限。相关视频图像的渲染计算等工作一般由附近的本地计算系统或者云端的云计算系统完成。如何将数据实时且无损失地传输到计算系统上，是问题的关键。

数据传输到底需要多大的带宽呢？根据研究人员的测试结果，如果使用头戴式的 VR 眼镜，要达到完美的视网膜体验，则网络带宽必须大于 4.2 Gbit/s。如果带宽小于这个值，将导致画面质量损失，出现颗粒感，同时，视野范围也会受限，进而影响用户的沉浸感。

除了带宽速率之外，XR 通信系统还有一个很重要的指标，就是传输时延，即画面会不会延迟。如果传输时延较大，当体验者左右扭头观看时，图像不能及时变换，影响用户体验。时间稍长，用户很容易产生眩晕感，甚至呕吐。测试结果显示，时延的门限值是 7 ms，只有当时延小于该值，才能避免用户产生不适。

4.2 Gbit/s、7 ms，这就是 XR 系统对通信网络的要求。

我们现在常用的无线通信技术之中，没有任何一个能够完美符合这个要求。例如 4G LTE 技术，带宽只有 150 Mbit/s（即使采用载波聚合技术，也只能达到 1 Gbit/s），时延在 40 ms 左右，无法满足要求。再例如 Wi-Fi 技术，带宽大概是 867 Mbit/s（802.11ac 标准），也无法满足要求。因此，一直以来，XR 都是采用有线（光纤、数据线）的方式，保证数据传输的稳定可靠，或者只能降低画面质量等级，牺牲用户体验。

5G 技术诞生之后，无线数据传输的问题终于有了解决方案。5G 的带宽最高可以达到 20 Gbit/s，传输时延可以低至 1 ms。这样的指标完美地满足了 XR 的需要。也就是说，用户佩戴 XR 设备终于能够实现无线化了。

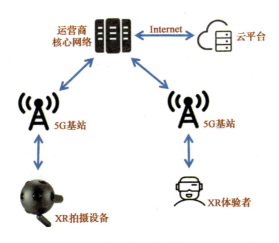

XR 数据的传输

除了空中接口之外，5G 在网络架构上的变化，如网络切片以及边缘计算中心，使 XR 的系统时延可以进一步减小，有利于低时延场景的应用。

2019 年，中国电信和中央电视台合作实现了春晚首次 5G+VR 现场连线直播。这是第一次实现 VR 超高清视频内容的 5G 传输，也是央视第一次用 5G 网络进行 VR 春晚节目直播。这次直播充分展现了 5G 在 VR 视频内容传输上的卓越能力。此后，在包括全国两会在内的多个重大场合，运营商都进行了 5G+VR 直播。现场的每一帧画面都能实时传送，让远在千里之外的观众可以感受到现场的真实环境和气氛，极大地提升了用户的观看体验。

除了视频直播之外，5G+XR 在游戏娱乐、培训教育、远程医疗、工业互联等领域，都有非常广阔的应用前景。例如，在培训教育领域，5G+XR 可提供身临其境的场景模拟，避免搭建真实环境所带来的高昂费用，显著降低了培训成本，同时保证了培训效果。再例如，在工业领域，生产线工作人员可以通过 5G+XR，对设备进行更全面的检查，既可以看到设备的真实运行情况（如状态灯、系统读数），也可以通过 AR 看到更多的系统运行信息。工作人员甚至可以在远端，通过佩戴 VR 眼镜，对设备进行远程检查和维护。

总而言之，5G 帮助 XR 产业解决了技术瓶颈问题，解锁了更多的行业应用场景。在 5G 的协助下，XR 从业者可以将更多的精力放在内容开发上，从而推动 XR 产业以更快的速度向前发展。与此同时，XR 作为 5G 的主要需求来源，又将促进 5G 的落地普及。5G+XR，两者将相互带动，共同发展。

6.5 5G+ 车联网，发轫之始

相对移动互联网来说，物联网场景才是 5G 真正的舞台。5G 物联网方向应用的重要性和场景种类远远超过移动互联网方向。

接下来介绍和分析 5G 物联网应用中最重要也是最典型的场景——车联网。车联网，英文缩写是 IoV，即 Internet of Vehicles。简单来说，车联网就是由汽车及汽车交通运输系统相关元素组成的通信网络。车联网不仅把车与车连接在一起，它还把车与行人、车与路、车与基础设施（如

信号灯等）、车与网络、车与云连接在一起。上述连接都可以统称为 V2X（车联万物，X 代表 everything，任何事物）。V2X 就是真正意义上的车联网。

在车联网里，时延是优先级很高的一个指标。时延的长短对车辆的安全行驶有着重要影响。

我们来计算一下，假设现在高速公路允许的最高速度是 120 km/h，约为 33 m/s。如果晚 1 s 刹车，就意味着多了 33 m 的制动距离。如果晚 0.1 s，是 3.3 m。如果晚 0.01 s，是 0.33 m。生与死之间，有时候就是这不到半米的距离。

所以，车联网对网络时延的要求是个位数的毫秒级。LTE 网络的时延是 30 ~ 100 ms，有时候甚至更高，不符合要求。

但是，5G 作为 4G LTE 的演进，可以满足要求！5G 三大应用场景之一的 uRLLC 场景，也就是低时延、高可靠通信场景，专门满足像车联网这样的需求。在这个场景下，5G 的时延为 10 ms 以内，甚至可以达到 1 ms。

除了时延之外，5G 还拥有很多 4G LTE 不具备的优点——它拥有更高的带宽，支持更大数量的连接，还支持终端以更高的速度移动，例如 500 km/h。这个速度不仅可以满足汽车的要求，就算在高铁上使用也完全没有问题。

正因为 5G 有这么多 4G LTE 不具备的优点，所以能够更好地解决困扰车联网发展的车辆对外通信能力的问题。有了 5G 的支持，车联网的潜力可以被进一步激活和释放。

在 5G+ 车联网的场景下，车辆内部所有传感器的数据都将联网，所有关于车辆运行状态的信息都会实时传送到云计算中心或者边缘计算中心。

围绕这些信息数据，可以挖掘出海量的商业应用。

例如，汽车油量（电量）低于告警值，相关信息会很快反馈给车主和云端。云端会告知车主哪里有加油站（充电桩），并提供导航信息数据和价格数据。再例如，车辆的某个零部件数据异常，云端会进行分析，然后告知车主可能存在的风险，提供处理建议，或者提供维修点信息及导航信息。在 5G+ 车联网的帮助下，地图导航、拥堵路况、停车位、气象等信息都可以实时和车辆同步，车主享受影音娱乐更是轻而易举。

这些还只是 5G+ 车联网的基础应用。5G+ 车联网的高级应用当然是远程驾驶和自动驾驶。自动驾驶可以说是车联网发展的终极目标。5G 有利于计算中心对所有车辆、路况信息数据进行采集，然后在车辆间分享。例如，前车发现山坡坠石，自行避让的同时，会将这个信息告诉几千米甚至几十千米之外的后方车辆，提前进行规避准备。这无疑大大开阔了车辆的"视野"，也提高了自动驾驶的安全性。在 5G+ 车联网场景中，车辆摄像头采集的高清数据可以被快速传输到云端。5G 切片技术还能够给车联网提供可靠的服务质量保证，提升可靠性。5G 的边缘计算中心也是自动驾驶的重要组成部分。所以说，自动驾驶需要 5G，5G 是自动驾驶的可靠保证。

此外，5G + 车联网，配合云计算、大数据和人工智能技术，还可有效解决城市内部交通拥堵问题。汽车和各种交通基础设施（如信号灯、摄像头）将通过 5G 接入云计算中心和边缘计算中心。通过云计算及大数据技术，对这些交通数据进行分析和计算，可以掌握整个城市的交通流量、拥堵状况，通过人工智能（Artificial Intelligence，AI）技术可以做出合理的决策，对所有道路车辆进行路径规划，辅以交通调度。这样可以最大效率地提升城市的运力，同时还会大幅降低交通事故的发生概率。

总而言之，5G 将对车联网的发展提供巨大的帮助，也很可能彻底改变我们的出行方式。

6.6　5G+ 无人机，凌空展翼

看了地上跑的，我们再来看看天上飞的。无人机也是 5G 商业应用的一个重要方向。5G 在农业、电力、环保等领域的很多应用场景都和无人机有着密切的关系。

目前应用最多的是右图这种民用旋翼无人机，可用于农药播撒、物流运输、视频拍摄等，给我们的工作和生活带来了很大便利。

一个完整的无人机系统，除了机身之外，还包括地面的遥控子系

民用旋翼无人机

统。传统的无人机操控方式属于点对点通信。无人机操控者（飞手）通过遥控器控制无人机的飞行动作。遥控器和无人机之间的数据传输采用的是 Wi-Fi 或蓝牙的方式。

Wi-Fi 或蓝牙通信存在很大的弊端，最突出的问题就是通信距离非常有限。全新的无人机通信方式——网联无人机是利用基站来联网无人机。相对于 Wi-Fi，蜂窝基站覆盖范围更广，将使无人机的通信更加灵活、可靠。

遥控无人机　　　　　　　　　网联无人机

　　无人机与地面的通信主要有 3 种目的：图传（传输视频或图像）、数传（传输数据）和遥控。其中，图传对无人机通信能力的要求是最高的。

　　无人机主要用来航拍，距离拍摄对象通常都比较远，720p（4G LTE 蜂窝通信）或 1080p（Wi-Fi 点对点通信）的分辨率无法让用户看清想要看到的物体，例如在查看设备指示灯和人脸识别时。

　　除了速率带宽之外，4G LTE 在其他很多方面也不能满足用户的需求。例如，在定位方面，现有 4G 网络在空域的定位精度约为几十米（如果采用 GPS 定位，精度大约在米级），在一些需要更高定位精度的应用（如园区物流配送、复杂地形导航等）中，必须考虑增加基站提供辅助才能实现。此外，在覆盖空域方面，4G 网络只能覆盖空域 120 m 以下高度的范围，在 120 m 以上（一些高空需求，如高空测绘、干线物流等）的高度，无人机容易出现失联状况。

　　5G 的出现将彻底解决以上问题。就以上文介绍的图传为例。5G 的超高传输带宽完全可以满足 4K 甚至 8K 的超高清视频图传。相比于地面传统摄像头静态、低纬度的视角，无人机搭配 5G，将实现动态、高纬度的超高清广角俯视效果。

　　更厉害的是，相比于传统无人机只能用单镜头相机拍摄，在 5G 的支持下，无人机可以吊装 360°全景相机进行多维度拍摄，并将图像实时传回地面。地面上的人员可以通过 VR 眼镜等进行多角度观看。

　　换言之，无人机会真正成为一览无余的"天眼"。

　　除了超高速率之外，5G 网络还具有超低时延的特性，能够提供毫秒级的传输时延。这将使无人机响应地面命令更快，地面飞手对无人机的操控更加精确。配合 5G 提供的厘米级定位精度，可以满足城区这样复杂地形环境的飞行需求。

　　5G 所采用的 Massive MIMO 大规模天线阵列以及波束赋形技术，可以灵活自动地调节各个天线发射信号的相位，不仅是水平方向，还包括垂直方向。这有利于一定高度目标的信号覆盖，满足国家对 500 m 以内高度的低空空域监管的要求，

波束赋形示意图

以及未来城市多高楼环境下无人机 120 m 以上高度的飞行需求。

　　在无人机的飞行数据安全保障方面，5G 也有明显的优势。5G 的数据传输过程更加安全可靠，无线信道不容易被干扰或入侵。

　　5G 除了解决无人机和基站之间通信能力的问题之外，还可以给无人机系统支撑平台带来很大的改进提升。

　　一个完整的无人机系统包括空中部分和地面部分。传统的无人机使用 Wi-Fi 点对点通信时，地面部分只有遥控器和手机，计算能力弱，存储空间小，功能非常有限。而 5G 网联无人机可以提供强大的平台支撑。

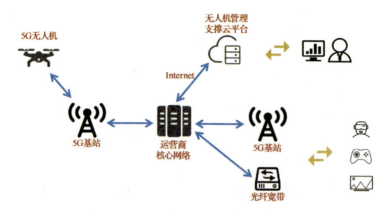

5G 网联无人机系统

结合云计算，网联无人机的地面平台可以提供更大容量的数据存储、更强大的计算能力，为异地的地面人员提供多样化服务（如视频观看）。

凭借 5G 的海量连接特性，5G 网络可以接入的无人机数量几乎是无限的。这对于高密度无人机和机群协同来说，也是不可或缺的能力。

5G 的边缘计算能力也适用于无人机场景。通过在 5G 基站附近设置边缘计算中心，无人机相关的数据可以在边缘计算中心完成计算，而不用送往更远的云计算中心，为低时延业务（如未来可服务于无人机的自动驾驶）提供了可靠保证。

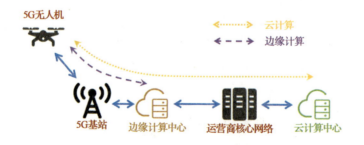

5G 的边缘计算能力适用于无人机场景

5G 所提供的 D2D 通信能力甚至可以让无人机与无人机之间实现直接通信，更好地服务于自动驾驶和机群协同。

总之，5G 所具有的高带宽、低时延、高精度、宽空域、高安全等优势可以帮助无人机补足目前的短板，解锁更多的应用场景，满足更多的用户需求。无人机物流、无人机消防、无人机边境巡逻……各行各业都能够找到与 5G 无人机的交集，它的经济效益与社会效益十分可观。

5G无人机的应用场景

领域	方向
公共服务	边境巡逻、森林防火、河道监测、交通管理
能源通信	电力巡线、石油管道巡线、天然气管道巡线、基站巡检
国土资源	城镇规划、铁路建设、线路测绘、考古调查、矿产开采
商业娱乐	新闻采集、商业表演、电影拍摄、三维建模、物流运输
农林牧渔	农药喷洒、辅助授粉、农情监测
防灾救灾	灾害救援、应急通信保障
个人用户	航拍娱乐

6.7　5G+ 工业互联网，让制造"智能"起来

无论对哪个国家而言，工业都具有极其重要的战略地位。工业是国民经济的主体，是立国之本、兴国之器、强国之基。没有强大的工业，国家和民族的强盛就无从谈起。正因如此，发展工业互联网具有非比寻常的意义。

人类社会进入工业时代后，一共经历了三次工业革命。每次革命都是国家崛起的宝贵机遇。现在，我们再次站在了新的历史转折点，来到了第

四次工业革命的门口。而这次工业革命的核心就是工业互联网。

21 世纪以来，全球爆发了多次金融危机，全球经济受到沉重打击。尤其是大家重点关注的高科技产业，遭受的打击最大。相反，工业在危机中表现出了良好的抗打击能力。于是，各国开始重新重视工业的发展。

首先是德国。德国是欧洲老牌工业强国，一直都以发达的工业科技和完备的工业体系著称于世。关于工业发展的未来方向，德国提出了自己的国家级工业革命战略规划"工业 4.0"，主要目的是提高工业竞争力，巩固领先优势，在新一轮工业革命中占领先机。

另一个老牌工业大国，也是世界头号经济强国——美国，也对第四次工业革命的到来做出了反应。美国总统科技顾问委员会于 2011 年、2012 年先后提出《保障美国在先进制造业的领导地位》及《获取先进制造业国内竞争优势》两份报告，里面提到了"AMP（Advanced Manufacturing Partnership，先进制造伙伴）计划"。2014 年 10 月，该委员会又发布了被称为"AMP 2.0"的新报告——《加速美国先进制造业》。美国在报告中明确提出了加强先进制造布局的理由，那就是保障美国在未来的全球竞争力。

我国作为传统工业大国和亚洲制造业龙头，则提出了"制造强国"的发展战略，力推工业互联网的发展。

工业互联网的本质是"通过开放的、全球化的通信网络平台，把设备、生产线、员工、工厂、仓库、供应商、产品和客户紧密地连接起来，共享工业生产全流程的各种要素资源，使其数字化、网络化、自动化、智能化，从而实现效率提升和成本降低"。

简单来说，工业互联网就是把人、数据和工业机器连接起来，通过数据的生成、传输、存储、计算和分析，最终挖掘出价值。这个过程既离不开通信技术，也离不开计算技术，更离不开工业技术。因此，我们可以将工业互联网视为"工业技术革命"和"ICT 革命"相结合的产物。

5G 是 ICT 革命的重要组成部分，它和工业互联网之间的关系主要集中在接入层。

高连接速率、超低网络时延、海量终端接入、高可靠性都是 5G 所具备的优点。这些优点将非常有利于 5G 替代现有的厂区物联网通信技术，尤其是 Wi-Fi、蓝牙等短距离通信技术，甚至可以替换像 PON（Passive Optical Network，无源光纤网络）这样的固网有线宽带接入技术。

一些以往受限于网络接入而不能实现的场景，在 5G 网络环境下将变得可行。例如，高精度机械臂加工，如果采用 5G 对机械臂进行远程控制，时延将缩短到 1 ms，可以很好地满足加工精度的要求。

此外，5G 的超高带宽在采集工业厂区 4K/8K 设备监控影像的时候，也将发挥重要作用。

除接入层之外，5G 的网络切片、移动边缘计算都可以在工业互联网领域找到不错的落地场景，满足用户的多样化需求。

虽然工业互联网拥有广阔的应用前景，但它的推进之路并不平坦，依然面临很多现实问题，例如数据安全问题。企业对于数据安全的顾虑严重影响了上云的积极性。企业担心自己的核心数据不能得到很好的保护，一旦泄露，带来的后果将是灾难性的。保护数据的安全，既需要平台拥有可靠的技术，也需要企业本身有很好的软硬件环境和管理水平。现有很多企业基础设施落后，资金和技术有限，想要实现工业互联网的"速成"，确实不太现实。

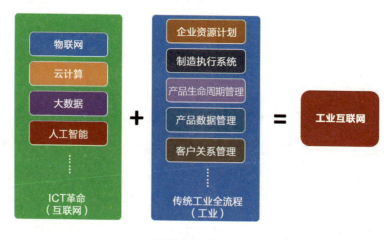

工业互联网的内涵

此外，工业互联网标准的缺失以及企业 ICT 人才的不足，都是阻扰工业互联网向前发展的障碍。所以说，推动工业互联网发展和普及，任重而道远。

但是不管怎么说，第四次工业革命是人类发展的必然趋势，工业互联网也是工业发展和升级的必经之路。我国作为工业大国，正处在工业转型升级的关键时期，面对人工成本上升、原材料价格波动、贸易竞争日益加剧等情况，迫切需要提高效率、降低生产成本。只有坚定不移地推动工业互联网落地，加快企业的数字化转型和智能化改造，才能够让我国在全球化竞争中立于不败之地。

尾声

正如业内资深专家所言，5G 不是 4G+1G。作为新一代移动通信技术，5G 并不是 4G 的简单升级，其功能定位、架构设计、应用场景都发生了巨大变化。5G 将与众多行业深度融合，对百业千行进行数字化、智能化赋能，颠覆现有的生产模式、商业模式，乃至社会运行模式。

虽然这些改变并不会像想象中来得那么快，"万物智联"的美好未来尚需时日才会到来，但是，看准了未来战略走向的领先国家，早已开始了争分夺秒的 5G 冲刺赛。

第七章

中国 5G，改变未来

引子

哪怕领先几小时，也要拼力争得商用第一国的头把交椅，因为 5G；调动国家机器，世界头号强国无理打压一家企业，因为 5G；新闻热点持续不断，国际主要媒体多视角聚焦泱泱中华，因为 5G；社会大众百业千行，几乎同一时间聚焦同一热点、同一话题，因为 5G……

5G 将打造新一代信息基础设施，加速互联网、大数据、人工智能等与实体经济的深度融合，激发新一轮的社会变革，开启万物智联新时代，并由此引发了世界主要国家和地区的 5G 大博弈。

历经 1G 空白、2G 跟随、3G 突破、4G 同步，我国的 5G 终于登上了全球信息通信高科技的创新制高点。

创新不易，未来已来；梦在前方，路在脚下！

7.1　5G，开启第四次工业革命的钥匙

回望历史长河，人类几百万年的发展史中，仅有最近 300 年真正实现了经济的增长、生活的改善和社会的发展。导致人类社会走向这一正向变化的，正是三次工业革命。

18 世纪 60 年代，第一次工业革命爆发，人类进入"蒸汽时代"，以机器代替手工劳动的开创性变革，推动人类由农耕文明走向工业文明，堪称人类发展史上的伟大奇迹。

19 世纪中期，第二次工业革命启动，人类迎来"电气时代"，科学技术得到前所未有的迅猛发展。

20 世纪 50 年代，以信息技术、新能源技术、新材料技术等为代表的第三次工业革命席卷全球，人类迈入崭新的"信息时代"。

三次工业革命的主导者并不相同。英国引领了第一次工业革命，美国和德国引领了第二次工业革命，美国又再次引领了第三次工业革命。

每一次工业革命都极大地解放了生产力，推动人类社会发生了翻天覆地的变化，并深刻改变了全球政治、经济格局。相应地，每一次工业革命的引领者都成了当时的全球霸主，而那些抓住工业革命机遇、奋力追赶工业革命发展的国家也在全球资源与利益的分配中取得了优势地位。

几乎每 100 年一次大变局！

第四次工业革命近在眼前，或许就在 2030—2050 年全面到来。华为创始人任正非在接受媒体采访时，用"恐怖"二字来形容这次革命，"这二三十年，人类一定会爆发一场巨大的革命，这个革命的恐怖性人人都看到了，特别是美国看得最清楚"。

历史显示，每一次工业革命都会出现一个或几个撬动全球变革的基础性创新技术，例如蒸汽机、内燃机、发电机、无线电、计算机……

第四次工业革命的基础核心技术是什么？人工智能，大数据，云计算，5G，智能制造，工业互联网，新材料，新能源……还是其他什么？

2017 年 6 月，日本发布《科学技术创新综合战略 2017》，明确提出未来 5 年最重要的战略目标是实现超级智能社会"社会 5.0（Society 5.0）"——通过最大限度地活用信息通信技术，融合网络世界和现实世界，把给每个人带来富足生活的超级智能社会作为未来社会的形态，通过深入实施一系列举措，强力推进"Society 5.0"，把日本建成世界领先的超级智能社会。

2017 年 10 月，韩国成立第四次工业革命委员会，该委员会是韩国政府为迎接第四次工业革命、加强政府各部门协作而组建的，将重点加强对人工智能、大数据的投资力度，重点扶持智能汽车、智能工厂、无人机产业，重点建设以智能基础设施、环保型能源为基础的智能城市。2019 年，韩国首尔市提出了专门为第四次工业革命培养 1 万名专业化技术人才的计划。

2017 年 11 月，英国发布《产业战略：打造适合未来的英国》白皮书，明确了英国未来将面临的 4 项重大挑战——人工智能、绿色增长、未来交通和老龄化社会。

2018 年 9 月，德国联邦政府出台"高科技战略 2025（HTS 2025）"，意在加大促进科研和创新，加强德国的核心竞争力。

2019 年 2 月，美国白宫科学与技术政策办公室发表文章《美国将主宰未来的工业》，明确了未来发展的四大重点领域——人工智能、高端制造业、量子信息科学和 5G。

....

虽然各国、各领域对第四次工业革命的核心技术看法不一，但基本达成了一个共识：第四次工业革命将是一次深入各个领域的智能革命，而高速、高效、高可靠的信息基础设施将构建这次智能革命的"神经网络"，是智能社会整体架构的底层基础。

人工智能、大数据、云计算、智能制造、工业互联网、新材料、新能源等，都离不开网络，离不开连接，离不开高速、移动、安全、泛在的新一代信息基础设施，因此，5G 被视为开启第四次工业革命的钥匙和第四次工业革命的奠基石。

全球化大势下，谁想引领第四次工业革命的发展，掌握世界变局的主动权，谁想抓住第四次工业革命的机遇，分享智能时代的红利，谁就不能不重视移动通信，不能不重视 5G。5G，由此成为全球主要国家奋力抢占的战略制高点，成为各国科技交锋的先手棋。

一场大国之间的博弈

回顾本书前几章所述，从 1G 到 4G，移动通信领域的创新主动权、发展主动权，一直是大国之间的博弈。

1G 时代，美国 AMPS、英国 TACS 标准占据主流，摩托罗拉、爱立信两家强势企业争霸全球电信市场。那时，欧美两大阵营齐头并进。

2G 时代，欧洲 GSM 技术发展领先，特别是在中国巨大市场的支持下，全球风头无两。美国在 CDMA 技术全球化方面不太成功，但在移动通信芯片领域的全球化方面畅通无阻，高通、英特尔等公司的霸主地位稳固。那时，移动通信领域依然是欧美在制定游戏规则，欧洲略胜一筹。

3G 时代，全球移动通信格局发生微妙变化，中国开始崭露头角。欧洲的 WCDMA、美国的 cdma2000、中国的 TD-SCDMA 成三足鼎立之势。依托 2G 时代积累的深厚基础，欧洲的 WCDMA 依然保持全球领先优势，中国的 TD-SCDMA 相对弱小。但在应用领域，日韩异军突起，成为全球 3G 应用的标杆。

4G 时代，中美均迎来重大转折。由于错失与中国技术深度融合的机会，美国的 WiMAX 技术在 4G 时代彻底出局（详见本书第五章）。欧洲主导的 LTE FDD、中国主导的 TD-LTE 成为移动通信领域两大商用标准，市场规模各占半壁江山。

从 1G 到 4G，在技术判断、战略选择、市场走向等多种因素的作用下，中美两国在移动通信领域的实力发生了微妙变化。

一方面，中国后来居上，技术实力与全球影响力快速提升，不仅首次建起了覆盖移动通信全产业链的、系统化的工业体系，而且抓住了移动互联网的机遇，大胆创新，实现了消费互联网的空前繁荣。全球四大通信设备制造商中，中国占据两席之位，全球前 10 名互联网公司中，中国占据四席之位。GSMA 发布的《中国移动经济发展报告 2019》显示，中国的移动生态系统于 2018 年创造了 5.2 万亿元（约合 7500 亿美元）的经济贡献值，相当于 2018 年中国 GDP 的 5.8%；直接和间接创造了 850 万个就业岗位，并为政府的公共财政贡献了 5830 亿元（约合 840 亿美元）税收。

另一方面，在移动通信领域，中国的影响力在上升，美国的影响力在下降。在技术标准方面，美国在 4G 时代实质上已经退出移动通信系统标准的竞争圈；在系统设备方面，曾经辉煌的摩托罗拉、朗讯等通信强企已经没落，美国企业在移动通信系统设备领域也退出了竞争圈。这一尴尬局面在短时间内难以扭转。

虽然如此，但美国的移动通信技术及产业实力依然保持领先优势，特别是在两大领域——移动通信芯片和移动通信生态系统，遥遥领先于全球其他经济体。苹果、谷歌、Facebook、亚马逊、Netflix 等美国公司，利用 4G 网络带来的大带宽和智能手机功能实现了迅猛发展，推动美国在全球无线和互联网服务领域占据了主导地位。

从 1G 到 4G 的全球竞争格局显示，移动通信领域的主导国家、领先国家将获得非常可观的收益，不仅体现在可以产生巨大的经济价值，带来大量的就业岗位，而且体现在能够于未来的技术创新与迭代中取得先发优势，赢得游戏规则的制定权。

相应的，在移动通信技术革新中落后的国家则不得不采用领先国家的标准和技术，从而导致对新一代移动通信技术的创新开发能力受限，应用发展受制于人。

5G 时代，又将是怎样的一幅图景？

争胜未来，中美 5G 竞速发展

每一代移动通信技术的价值都呈指数级增长，而从 4G 向 5G 的转变将极大地影响全球通信网络的未来，美国国防部发布的《5G 生态系统：对美国国防部的风险与机遇》报告中的这一观点得到普遍认同。

美国高通公司预测，到 2035 年，5G 将在全球范围内创造 12.3 万亿美元的产值，以及 2200 万个工作岗位；预计 2020—2035 年，5G 对全球 GDP 增长的贡献将相当于一个印度规模的经济体。

中国信息通信研究院发布的《5G 产业经济贡献》预测，2020—2025

年，我国 5G 商用将直接带动经济总产出达 10.6 万亿元、间接拉动经济总产出达约 24.8 万亿元，将直接创造超过 300 万个就业岗位。

为了在未来科技竞争中占据先发优势，世界主要国家纷纷加快了 5G 研发以及商用的步伐。

那么，全球 5G 技术及产业格局如何？

美国国防部报告认为，中国、韩国、美国、日本是 5G "第一梯队"；英国、德国、法国位居 "第二梯队"；新加坡、俄罗斯和加拿大构成 "第三梯队"。

2018 年 8 月，著名咨询公司德勤发布的《5G：领导未来十年的机会》报告显示，美国、日本和韩国在 5G 方面都取得了重大进展，但没有一个国家能达到与中国同样的高度。

2019 年 4 月，美国无线通信和互联网协会发布的分析报告显示，中国与美国在全球 5G 竞赛中并列第一，其次是韩国、日本和英国。

并列第一？5G 时代，在移动通信高科技领域，中国已经快速跃升到和美国并驾齐驱的地位了？这是美国不能忍受的！由此，出现了本书第一章所述的，美国以一国之力对华为——全球通信设备市场排名第一的企业，进行花样式的、赤裸裸的疯狂打压。

2019 年 4 月 12 日，美国总统特朗普在白宫新闻发布会上的喊话再次吐露美国的心声：5G 竞赛已经开始，这一仗美国必须赢！我们不能允许其他国家在这个产业上超越美国。

5G，实质上已经成为中美两大经济体的竞速焦点。

那么，中国 5G 究竟有哪些优势，让美国如此焦灼，又有何种硬核高科技，让他人如此防备呢？

7.2　中国 5G 的优势究竟在哪儿？

善谋者行远，实干者乃成。

早在 2013 年，我国就已经悄然布局 5G。

2012 年底，欧盟在第七框架计划（简称 FP7）下启动了面向 5G 研发的 METIS［Mobile and wireless communications Enablers for the Twenty-twenty（2020）Information Society］项目。FP7 于 2007 年 1 月 1 日启动，是欧盟投资最多的全球性科技开发计划，也是当时全世界最大的官方科技计划，具有研究水平高、涉及领域广、投资力度大等特点。它启动的 METIS 项目总投资约 2700 万欧元，由瑞典爱立信、中国华为等 29 个参与方共同承担。

历经 3G、4G 的磨砺，我国高度重视移动通信行业的价值，在欧盟 METIS 项目启动后不久，立即投入 5G 的研究与发展之中。一个引领我国 5G 发展、筹谋我国 5G 全局的重要组织迅速成立。

2013 年 2 月，IMT-2020（5G）推进组在工信部、国家发展改革委和科技部的共同支持下正式成立。

4 月 19 日，推进组第一次会议在北京召开。工信部部长苗圩出席会议并向推进组专家颁发聘书，聘请中国工程院院士、中国互联网协会理事长邬贺铨为顾问，聘请工信部电信研究院院长曹淑敏为组长［现任 IMT-2020（5G）推进组组长为中国信息通信研究院副院长王志勤］。

推进组第一次会议召开的次日，信息通信全行业立即全力投入四川雅安芦山 7.0 级地震的抗灾保通信之中。广大通信人搏命奋战在抢险救灾一线的同时，通信科技工作者正拼力争胜 5G 未来的工作。

明确 5G 发展前景、业务、频谱与技术需求；研究 5G 主要技术的发展方向及使能技术，形成 5G 移动通信技术框架；协同"产学研用"各方力量，积极融入国际 5G 发展进程……国家 863 计划于 2014 年 1 月、2015 年 1 月先后启动 5G 移动通信系统先期研究重大项目一期和二期研究，IMT-2020（5G）推进组作为我国统揽 5G 发展全局的机构，积极协调推进全球 5G 标准统一，"政产学研用"各界携手创新突破，我国在 5G 技术及产业的多个领域进入全球第一阵营。

中频段频谱优势

无线通信中，最重要、最核心、全球争夺最激烈的战略资源就是频谱资源。每一代移动通信技术的创新无不以提高频谱资源利用率为目标。同样，频谱在 5G 的技术创新、网络运营、产业发展中也发挥着关键作用。

目前，全球相关国家和地区部署、分配 5G 新频谱主要有两个方向。一是重点发展 6 GHz 以下频段的 5G 产业，我们称该频段为中频段，即"Sub-6"，主要是在 3 ~ 4 GHz。二是重点发展 24 ~ 300 GHz 的高频段 5G 产业，我们称该频段为"毫米波"。

就 5G 功能实现而言，Sub-6 与毫米波各有所长。

Sub-6 的波长较长，虽然该频段可实现的峰值速率低于 10 Gbit/s，不如毫米波，但其穿透障碍物的能力较强，可以提供比毫米波更宽、更广的区域覆盖效果。因此，与毫米波相比，实现相同的网络覆盖范围和性能，Sub-6 所需的基站较少，这就意味着投入的资金较少，可利用现有 4G 基站迅速面向 5G 三大应用场景建设网络。

毫米波的波长较短，可在数据传输中实现较高速度、较低时延，能在特定条件下做到极高速的连接。5G 宣传中，高达 20 Gbit/s 的峰值速率只有在毫米波的高频段才能实现，面向工业互联网等垂直领域的 5G 应用也需要毫米波的支撑。此外，毫米波频段的带宽较为充裕，频谱干净，干扰相对较少。毫米波 5G 设备也比 Sub-6 5G 设备更小，可以更紧凑地部署在无线设施上。

由于美国 5G 中频段的频谱资源大部分由政府或军方掌握，难以民用和商用，美国 5G 产业界只好重点发展毫米波。而由于高频段频谱资源被占用，我国把 5G 发展的重心聚焦于 Sub-6。

2017 年 11 月 9 日，工信部宣布，规划 3300 ~ 3600 MHz、4800 ~ 5000 MHz 频段作为 5G 系统的工作频段，其中 3300 ~ 3400 MHz 频段原则上仅限室内使用。由此，我国成为全球第一个发布 5G 系统在中频段内的频率使用规划的国家。

随后的 2018 年 12 月 10 日，工信部向中国电信、中国移动、中国联通发放了 5G 系统中低频段试验频率使用许可。其中，中国电信和中国联通获得 3500 MHz 频段试验频率使用许可，中国移动获得 2600 MHz 和 4900 MHz 频段试验频率使用许可。此次 5G 系统试验频率使用许可的发放，有力地保障了电信运营商开展 5G 系统试验，向产业界发出了推动 5G 产业发展的明确信号。我国"产学研用"相关组织、企业充分发挥协作创新精神以及在全球信息通信业的影响力，推动中频段 5G 基站的成熟商用并使其时间提早了一年，中频段 5G 产业生态也加速成熟。

由于在信号传播和建网成本方面具有优势，中频段 5G 在全球的"朋友圈"越来越大，我国力推的中频段 5G 产业逐渐成为国际主流，特别是中频段 5G 系统设备、终端芯片、智能手机位居全球产业第一梯队。研究机构 Analysys Mason 的分析报告中提到，中频段是 5G 发展的关键，由于覆盖的区域更广，到 2020 年，其他国家计划发放的中频段牌照数量将是美国的 4 倍，中频段可能成为引领 5G 基础设施建设的"全球频段"。

面对在 5G 中频段发展的落后态势，美国十分忧心。

2018 年 10 月，美国政府发布了关于《制定美国未来可持续频谱战略》的总统备忘录，要求各部门和机构提交关于当前频谱使用和未来要求、频谱重新分配选项以及未来技术对频谱分配影响的若干报告。虽然可以重新规划或者共享军方占用的 Sub-6，实现面向 5G 的商用，但是对美国而言，时间成本太高。美国国防部相关报告曾经测算，清除频谱占用，然后通过拍卖、直接分配或其他方法，将 Sub-6 释放到民用部门所花费的平均时间通常在 10 年以上，共享频谱的方式时间稍短，但也要 5 年以上。

2019 年 4 月 12 日，FCC（Federal Communications Commission，美国联邦通信委员会）宣布，从 2019 年 12 月 10 日起，推出美国史上最大规模的频谱拍卖，运营商可以投标高频 37 GHz、39 GHz 和 47 GHz 频谱。新增的 3400 MHz 高频毫米波频谱拍卖将推动 5G、物联网和其他基于频谱的服务发展。美国无线通信和互联网协会也向美国政府推荐了新的频谱战略，建议制定 5 年期低频、中频和高频频谱的拍卖时间表，以便将更多频谱交到运营商手中，推动全方位的 5G 部署和创新。

在 5G 中频段的商业化上，我国目前全球领先。

标准专利优势

3G、4G、5G，起步、起跑、起飞，这就是我国在移动通信标准领域的三级跳。背后的故事精彩动人，有关 5G 的标准化进程，我们日后再揭秘，现在只看事实。

2015 年 10 月，在瑞士日内瓦召开了 ITU 2015 年无线电通信全会。我国提出的"5G 之花"中，9 个技术指标有 8 个在此次大会上被 ITU 采纳。此后，我国通信企业提出的灵活系统设计、极化码、大规模天线和新型网络架构等关键技术成为国际标准的重点内容，我国的技术专家在 ITU、3GPP 等国际标准组织担任多个重要职务，并主持关键项目的相关工作。

振奋人心！我国在全球移动通信舞台上首次进入领先者行列。

随后，我国 5G 一路奔跑，在标准专利领域快速成长，下面这组数据就是见证。

根据 2019 年 5 月德国专利数据公司 IPlytics 发布的 5G 专利报告《谁在 5G 专利竞赛中领先？》，截至 2019 年 4 月，中国企业申请的 5G SEP（Standards-Essential Patents，标准必要专利）件数位居全球第一，占比 34%。其中，华为名列第一，拥有 15% 的 5G SEP。

国家第一，企业第一，这就是中国 5G 的硬实力。

SEP，也就是专利中的"杀手级"专利。拥有 SEP 的企业，可以收取专利费，以更低的成本研发基站、手机等通信设备和终端，还可以通过交叉授权免费使用其他企业的专利技术。换句话说，SEP 就意味着财富、实力、行业话语权。谁拥有的 SEP 越多，谁就越有可能成为市场的领导者。

IPlytics 公司的这份 5G 专利报告同时透露，过去 4 年全球申报的 5G SEP 的件数急剧增加，截至 2019 年 4 月，全球 5G SEP 已达 6 万多件。

拥有 5G 通信系统 SEP 数量全球排名前十的企业分别是：华为（中国）、诺基亚（芬兰）、三星（韩国）、LG（韩国）、中兴（中国）、高通（美国）、爱立信（瑞典）、英特尔（美国）、电信科学技术研究院（中国）、夏普（日本）。

5G 标准技术贡献全球排名前十的企业分别是：华为、爱立信、海思（中国）、诺基亚、高通、三星、中兴、英特尔、LG、电信科学技术研究院。

关键是，在一段时间内，以上位次不会发生太大变化。

技术优势

从标准化到产业化，这是 5G 商用的必经之路，我国有被卡脖子的"芯绞痛"，也有底气十足的"拿手活"。目前，我国 5G 产业已实现多项硬核技术的领先，有些技术在全球领先 1 ~ 2 年。当然，技术领先必须与理念领先、成本领先、投入领先等并行，才能在市场中发挥出领先的价值。

1. 5G 基带芯片领先

业界认为，手机基带芯片水平是移动通信领域最核心的技术指标之一。

截至 2019 年 5 月，全球已发布 8 款 5G 基带芯片，分别是高通 Snapdragon X50、高通 Snapdragon X55、高通 FSM100xx、英特尔 XMM 8160、华为 Balong 5000、三星 Exynos 5100、紫光展锐 Makalu Ivy510 以及联发科 Helio M70。

华为 Balong 5000 是目前性能最全面的多模商用 5G 基带芯片，同时支持 2G/3G/4G/5G 网络，同时支持 Sub-6、毫米波，同时支持 NSA（5G 非独立组网）和 SA（5G 独立组网），而且符合 3GPP Release 15 标准的要求。在 5G 网络 Sub-6 频段（3.5 GHz）100 MHz 带宽下，Balong 5000 峰值下载速率可达 4.6 Gbit/s；在毫米波频段（28 GHz）400 MHz 带宽下，峰值下载速率可达 6.5 Gbit/s，是 4G LTE 可体验速率的 10 倍。

Balong 5000 采用 7 nm 工艺，体积小，易于集成到手机等 5G 终端设备上。Balong 5000 最厉害的是，芯片上除移动通信模块外，还搭载了面向物联网等垂直行业的模块，可满足 5G 未来面向物联网、车联网等领域的需求。目前，华为 Balong 5000 的技术水平领先其他企业至少 1 年。

华为折叠屏手机 Mate X，搭载了麒麟 980 处理器 +Balong 5000 5G 芯片，是第一款真正意义上的全球通用 5G 手机

2. Massive MIMO 技术领先

Massive MIMO 技术是 5G 定义的空中接口技术，可极大扩展设备连接数和数据吞吐量，使单基站能够容纳更多的用户连接，解决运营商面临的站址紧张、深度覆盖难等问题。

华为和中兴是 Massive MIMO 技术的领导者，可以实现 128 天线阵列 64T64R（64 发，64 收），在该领域领先其他企业两年左右。

2019 年 1 月，华为正式发布了全球首款 5G 基站核心芯片——华为天罡，在集成度、算力、频谱带宽等方面都取得突破性进展。该芯片可助力基站尺寸缩小超 50%、质量减轻 23%、功耗降低 21%，安装时间比标准的 4G 基站缩短一半。华为现场展示的 5G 大规模天线 64T64R 基站仅重 20 多千克，一扇窗的大小，一名成年男子即可轻松安装。

3. 上下行解耦技术领先

5G 网络 C 波段有一个棘手的问题，就是上下行不平衡，主要是上行覆盖不足。简单来说，5G 网络通过大带宽和多天线接收技术，可以提供更高的下载速率，但是由于手机等移动终端上行发射功率的限制，5G 蜂窝小区的上行覆盖严重受限。

针对这一覆盖问题，2017 年 6 月，华为在业界首次提出了创新的频谱使用技术——上下行解耦技术。该技术突破了上下行绑定于同一频段的传统限制，可有效改善上下行不平衡的问题，帮助运营商在 C 波段实现 5G 与 4G 的共站共覆盖，有效节省建网成本，大幅提升边缘用户体验。目前，上下行解耦技术已纳入 3GPP R15 标准。

4. Polar 码应用领先

在无线通信核心技术之一——信道编码领域，之前我国一直没有发言权，即使在我国主导的技术大放异彩的 4G 时代也是如此。

5G 来临，全球各大阵营就信道编码标准展开了激烈竞争。以法国为代表的欧洲阵营支持 Turbo 码，美国高通支持 LDPC 码，我国华为等公司主推 Polar 码（极化码）。LDPC 码和 Polar 码都是逼近香农极限的信道编码。其中，Polar 码是目前能够被严格证明达到香农极限的信道编码方法，可大幅提高 5G 编码性能，降低设计复杂度。

2016 年 11 月 18 日，美国内华达州里诺，在 3GPP RAN1 第 87 次会议上，经过激烈讨论与博弈，3GPP 最终确定了 5G eMBB 场景的信道编码技术方案——Polar 码作为控制信道的编码方案，LDPC 码作为数据信道的编码方案。这是我国在信道编码领域的首次突破，为在 5G 标准中拥有更多话语权奠定了基础。

Polar 码由土耳其毕尔肯大学埃达尔·阿利坎教授在 2008 年国际信息论（ISIT）会议上首次提出，随后引起了通信领域的关注。华为等企业进行深入研究、优化，在 Polar 码的核心原创技术上取得多项突破，推动 Polar 码从理论研究走向了实际应用。2018 年 7 月，华为在深圳总部举办了隆重颁奖仪式，为埃达尔教授颁发特别奖项，致敬其为人类通信事业发展所做的突出贡献。

5. 5G 核心网领先

2017 年 6 月，3GPP 正式确认 5G 核心网采用 SBA 作为统一的基础架构，也就是 5G 核心网唯一的基础架构。SBA 由中国移动牵头，联合全球 14 家运营商及华为等 12 家设备商提出，这是中国人首次牵头设计移动网络的系统架构！

3GPP 将 SBA 确定为 5G 核心网唯一基础架构，是 5G 系统架构标准化立项以来的重要进展。SBA 借鉴 IT 领域的"微服务"设计理念，将网络功能定义为多个相对独立、可被灵活调用的服务模块。基于此，运营商可以按照业务需求来灵活定制组网。这种架构设计方式使得 5G 网络真正实现面向云化设计，它具备多方面的优点，如便于网络快速升级，提升网络资源利用率，加速网络新能力引入，以及在授权的情况下开放给第三方等。

基于 SBA，华为、爱立信、诺基亚、中兴等全球主要通信设备制造商的 5G 核心网方案纷纷推出，其中华为率先推出了业界首个满足 3GPP 最新标准的 5G 核心网解决方案，使网络切片这一全新商业模式成为可能，推动了 5G 业务领域拓展至垂直行业市场。

产业生态优势

在 5G 产业化方面，"中国力量"表现突出，"中国速度"全球瞩目。

1. 系统和终端领域

华为自 2009 年起着手 5G 研究，已累计投入约 150 亿元用于 5G 技术与产品研发，目前已具备从芯片、产品到系统组网全面领先的 5G 能力，是目前全球屈指可数的、能够提供端到端 5G 商用解决方案的通信企业。数据显示，截至 2018 年底，华为共向 3GPP 提交 5G 标准提案 18 000 多篇，标准提案及通过数高居全球首位，向 ETSI 声明 5G 基本专利 2570 族，持续排名业界第一，主导的极化码、上下行解耦、大规模天线和新型网络架构等关键技术已成为 5G 国际标准的重要组成部分。同时，华为已实现全系列业界领先自研芯片的规模商用，包括全球首款 5G 基站核心芯片天罡、5G 终端基带芯片 Balong 5000 以及终端处理器芯片麒麟 980。截至 2019 年 5 月，华为已在全球 30 个国家获得了 46 个 5G 商用合同，5G 基站发货量超过 10 万个，居全球首位。

中兴聚焦以 5G 为核心的技术领域，5G 专利申请超过 3500 件，截至 2019 年 6 月 15 日向 ETSI 披露 3GPP 5G SEP 超过 1420 族，在 5G 技术标准制定的重要国际标准组织 3GPP 中，多个技术标准报告人都来自中兴。中兴具备完整的 5G 端到端解决方案的能力，截至 2019 年 6 月中旬，已和全球 60 多家运营商开展 5G 合作，在全球获得 25 个 5G 商用合同，覆盖欧洲、亚太、中东等主要 5G 市场，稳居 5G 第一阵营。面对 5G 行业应用需求，中兴携手合作伙伴开展了大量 5G 行业应用探索，推进智慧港口、智慧工业、智能安防等应用落地，正努力构建健康完整的 5G 产业生态。

中国信科在大规模天线、超密集组网、非正交多址、TDD 帧结构与空口设计、新型接入网架构、核心网架构、移动性管理、网络安全、车联网应用等技术领域取得了突出成果，处于领先地位。2019 年，中国信科开发了 2.6 GHz/3.5 GHz/4.9 GHz 等多频段、系列化的室内外 5G 基站产品，支持 SA/NSA 组网，全面支持 5G 商用。同时，中国信科全力布局与 5G 强结合的十大应用领域，形成各具特色的业务解决方案，并携手相关垂直行业龙头企业以及运营商，推动相关典型 5G 应用落地。

2．网络和应用领域

1 年时间建成全球最大的 4G 网络；5 年多时间 4G 用户突破 12 亿，用户月均移动互联网接入流量达到 7.32 GB⋯⋯

我国通信领域创造的"中国速度"令全球惊叹。同样的故事，预计将在 5G 时代再次上演。

值得关注的是，5G 应用创新也在我国多点开花。

中国电信与合作伙伴开展了丰富的 5G 应用创新实践，目前已涵盖政务、制造、交通、物流、教育、医疗、媒体、警务、旅游、环保十大垂直行业的重点应用场景，联合试验客户超过 200 家。

中国移动发起设立了 5G 创新产业基金，总规模 300 亿元，首期 100 亿元已募集多家基金参与。同时，面向全球成立 5G 联合创新中心，建设开放实验室 22 个，汇聚 500 多家成员，已发展为国际领先的融合创新平台。中国移动还在雄安、成都、上海成立了三大产业研究院，深化与重点行业龙头企业的强强合作，聚焦九大垂直行业领域，形成创新应用方案及端到端解决方案，并已落地开展应用合作试点。

中国联通启动 5G 应用创新联盟"领航者计划"，联合国内外知名芯片、模组、ODM、终端、解决方案等领域的合作伙伴，共建 5G 创新联合实验室，打造 5G 示范项目，设立百亿孵化基金，孵化 5G+ 无人驾驶、智慧医疗、智慧环保、智慧工业互联网、智慧物流、新媒体等领域的创新应用产品。

…………

回顾整个移动通信行业的发展历程，5G 时代，我国终于在芯片、系统以及终端生态领域和应用方面实现了扎实推进，在部分领域已经实现领先，这一点值得自豪。

7.3 中国 5G 时代提前开启

一切既在意料之外，又在情理之中。

2019 年 6 月 3 日，新华社突然发布消息称，近期工信部将发放 5G 商用牌照。

就在 3 月 28 日的博鳌亚洲论坛上，工信部部长苗圩透露，将根据终端成熟情况适时发放 5G 牌照。业界普遍认为，"适时"大概率指的是 2019 年底。时间突然提前半年，这超出了大多数人的预期。

大家并没有等太久。消息放出 3 天后，2019 年 6 月 6 日，我国传统佳节——端午节的前一天，工信部正式向中国电信、中国移动、中国联通、中国广播电视网络有限公司（简称中国广电）颁发了基础电信业务经营许可证，批准 4 家企业经营"第五代数字蜂窝移动通信业务"。

为何突然提前发牌？中国准备好了吗？我们的 5G 将走向何方？

2019 年 6 月 6 日，工信部向中国电信、中国移动、中国联通、中国广电颁发 5G 牌照

（张松延／摄）

全球 5G 商用加速

我国 5G 牌照提前发放，与全球 5G 商用加速密不可分。

2019 年 4 月起，韩国、美国、瑞士、英国等先后开通 5G 商用服务，争发"第一枪"的场景颇具戏剧性，这是在 3G、4G 时代都不曾出现过的局面。据 GSMA 预测，到 2020 年，全球将有 170 家运营商推出商用 5G 网络。预计 2019 年底，全球 5G 用户数将达 1200 万户，到 2020 年增至

7000 万户。

[韩国] 提前几小时夺得 5G 商用全球第一

差距，仅仅只有几小时！

2019 年 4 月 3 日晚 23 时（当地时间），韩国三大电信运营商 KT、SKT 和 Uplus（隶属 LG）几乎同时宣布 5G 商用，韩国成为第一个实现 5G 商用的国家，全球 5G 商用元年正式开启。

为争夺这个第一，韩国临时决定将原本于 4 月 5 日启动商用的计划提前，仅仅比美国快了几小时。这充分说明，5G 对韩国很重要。在韩国总统文在寅看来，"建成世界首个 5G 商用网络，向全世界展现了韩国的潜力和无限可能性"。

4 月 8 日，韩国举行庆祝活动并正式发布韩国 "5G+ 战略"。文在寅在出席活动时表示，为了确保韩国在国际上的领导力，有必要将 5G 提升到国家战略层面，韩国将打造世界一流的 5G 生态圈。他强调，通过 5G 与各领域的融合创新，自动驾驶、智能工厂、智慧城市等第四次工业革命的代表性产业将得到全面发展。

韩国 "5G+ 战略" 显示，韩国政府将和民间携手投资超过 30 万亿韩元（约合 1800 亿元人民币），争取在 2022 年前建成覆盖全国的 5G 网络，重点发展沉浸式内容、智能工厂等核心服务以及下一代智能手机、网络设备、边缘计算、信息安全等 5G 战略产业。韩国 5G 产业将争取到 2026 年占据世界市场的 15%，创造 60 万个优质就业岗位，实现 730 亿美元出口。

[美国] 错失第一，但后劲十足

2019 年 4 月 3 日（当地时间），美国最大的电信运营商 Verizon 宣布 5G 正式商用，比原计划提前了一周。对于韩国成为全球第一个宣布 5G 商

用的国家，Verizon 公司并不服气。因为韩国第一批 5G 手机用户是电信运营商指定的 6 位社会名人，普通用户 4 月 5 日才可以注册使用。

4 月 9 日，美国运营商 AT&T 也宣布将其 5G 网络部署再扩展 7 个城市，加上之前的 12 个城市，AT&T 在美国 19 个城市部署了 5G 网络。美国另两家运营商 T-Mobile 与 Sprint 则将在 2019 年下半年实现 5G 商用。

[瑞士] 5G 网络将快速覆盖全国

2019 年 4 月 4 日，就在韩国、美国宣布 5G 商用仅一天后，瑞士电信运营商 Sunrise 宣布 5G 商用。Sunrise 的 5G 网络先期覆盖 150 座城镇，覆盖率在不同地区从 80% 到 98% 不等。Sunrise 对 5G 商用部署一直十分积极，早在 2017 年 12 月就联合华为完成了基于 5G 端到端网络的业务演示。2018 年 6 月，Sunrise 部署了瑞士首个端到端 5G 商用网络；同年 11 月，又在滑雪胜地莱克斯部署了全球首个高海拔 5G 商用网络。

4 月 17 日，瑞士电信（Swisscom）联合爱立信宣布开启"欧洲首个大规模商用 5G 网络"，在瑞士 54 个城市和社区提供 5G 网络和服务。到 2019 年底，瑞士电信 5G 网络将覆盖全国近 90% 的人口。

[英国] 不抢时间，稳扎稳打

5 月 30 日，英国最大的移动运营商 EE 公司宣布正式推出 5G 商用服务，首批商用城市包括伦敦、卡迪夫、爱丁堡、贝尔法斯特、伯明翰以及曼彻斯特。英国广播公司当天借助 5G 服务完成了一次现场直播。EE 宣布，随后 5G 商用城市还将拓展到布里斯托尔、考文垂、莱斯特、诺丁汉、谢菲尔德、利物浦、赫尔、利兹、纽卡斯尔和格拉斯哥，预计 2020 年 5G 服务将推广至英国的 50 个城市。2019 年底，EE 的 5G 基站数量预计将达到 1500 个。

7月8日，沃达丰宣布在英国7个城市推出面向个人和企业用户的5G服务，包括布里斯托尔、伯明翰、卡迪夫、伦敦、格拉斯哥、曼彻斯特和利物浦。根据最高网速的不同，沃达丰将5G套餐分为3种：最高速率2 Mbit/s，每月资费23英镑（约198.5元人民币）；最高速率10 Mbit/s，每月资费26英镑（约224.4元人民币）；最高速率150～250 Mbit/s，每月资费30英镑（约258.9元人民币）。

[日本] 紧急分配频率，2020年商用

韩国率先宣布5G商用同样刺激了日本加速各项5G计划。

4月10日，日本总务省将5G频段分配给NTT DoCoMo、KDDI、软银、乐天移动4家电信运营商。NTT DoCoMo、KDDI和软银将于2020年春天推出5G商用服务，乐天移动计划2020年6月推出。

据日本媒体报道，今后5年，日本以上4家电信运营商计划投入约1.6万亿日元（约合1026亿元人民币）在全国建设5G网络。日本总务相石田真敏表示："5G将成为21世纪的核心基础设施。"

中国5G准备就绪

在相关国家争相抢入5G商用第一阵营之际，我国也早有筹谋，备足了粮草。

1. 科学推进5G技术研发试验

早在2015年，我国就已经明确了2020年实现5G商用的目标。当年9月28日，国务院副总理马凯在出席中欧5G战略合作联合声明签字仪式时指出，我国将力争在2020年实现5G商用。

2016 年，我国就启动了面向商用的 5G 技术研发试验，对加快 5G 技术和产业的成熟发挥了十分重要的推动作用。按照工信部的安排，研发试验分为关键技术试验、技术方案测试和系统测试三个阶段，工信部信息通信发展司司长闻库形象地将其比喻为"中国 5G 的幼儿园阶段、小学阶段和中学阶段"。

2016 年 1 月 7 日，工信部在北京召开"5G 技术研发试验"启动会，第一阶段"关键技术试验"正式启动。虽然我国在 3G、4G 时开展过技术研发试验，但在标准制定之前就启动相关试验还是第一次，而这也是我国第一次与国际标准组织同步启动对新一代移动通信技术的测试和验证。在开放环境下开展技术研发与验证等工作，对形成全球 5G 统一标准具有重大意义，工信部非常重视，党组成员、总工程师张峰叮嘱所有参与机构与企业要做到"加速推进、资源聚集、注重开放、应用牵引"。当年 9 月，第一阶段试验完成，充分验证了大规模天线、新型多址、新型多载波、高频段通信等 7 个无线关键技术，以及网络切片、移动边缘计算等 4 个网络关键技术，在支持吉比特用户体验速率、毫秒级端到端时延、每平方千米百万连接等多样化 5G 场景需求方面的技术可行性，进一步增强了业界对于推动 5G 技术创新发展的信心。

2016 年 9 月—2017 年 9 月，开展第二阶段"技术方案测试"。该阶段测试基于统一的试验平台、统一频率、统一设备和测试规范开展，针对各厂商面向 5G 移动互联网和物联网不同应用场景的技术方案进行验证，包括连续广覆盖场景、低时延高可靠场景、低功耗大连接场景等七大场景的性能测试。同时，工信部在该阶段积极引导芯片、仪表厂商参与，开展产业链对接测试。

2017 年 11 月 23 日，第三阶段"系统测试"启动。该阶段重点面向 5G 商用前的产品研发、验证和产业协同，开展商用前的设备单站、组网、互操作，以及系统、芯片、仪表等产业链上下游的协同研发和互联互通测试，全面推进我国 5G 产业链主要环节在 2018 年底基本达到预商用水平。

有条不紊，科学推进！借鉴在 3G、4G 时代积累的经验，我国 5G 技术研发试验成果显著。

2019 年 1 月 23 日，IMT-2020（5G）推进组在北京召开 5G 技术研发试验第三阶段总结会。测试结果表明，5G 基站与核心网设备均可支持非独立组网和独立组网模式，主要功能符合预期，达到预商用水平。推进组向参加测试的华为、中兴、大唐电信、爱立信、上海诺基亚贝尔等系统企业，英特尔、高通、海思、紫光展锐等芯片企业，以及是德科技（原安捷伦）、罗德与施瓦茨等仪表企业颁发了证书。

2. 5G 实战早已展开

就在技术专家甘居幕后、奋力攻关的同时，2018 年 8 月，中国电信、中国移动、中国联通在工信部、国家发展改革委的支持下，面向全国 18 个城市开展了 5G 规模试验。不久后，中国电信新增 5G 试点城市 11 个，中国移动新增 5G 应用示范城市 12 个，新增城市 23 个，包括直辖市 4 个、省会城市 12 个、计划单列市 4 个以及其他城市 3 个。一场 5G 网络建设与应用创新的"攻坚战"，在以三大运营商为主导的产业链间打响并迅速升级。

中国移动打通全球首个基于 5G 独立组网系统的全息视频通话！

中国联通打通全球首个室内数字系统 5G 电话！

中国电信打通全球首个基于 5G 独立组网系统的语音通话！

北京打通第一个 5G 电话！

山西打通第一个 5G 电话！

福建打通第一个 5G 视频电话！

全球首个 5G 国际漫游演示成功！

…………

1 个第一，2 个第一……N 个第一！一个个有关 5G 创新突破的消息从全国各地传出，"究竟谁是第一"一时间成为通信业界热议的话题。2019 年全国两会期间，5G 也毫无意外地成为代表委员们关注的焦点。《2019 百度两会指数报告》显示，2019 年资讯指数热点话题 TOP 10 中位列第一的正是"5G"，资讯指数达 4269 万，远超第二名。

依托全球最大的移动通信市场、全球最大的 4G 基础网络以及实力强劲的移动互联网应用生态，我国 5G 规模测试和应用示范成效惊人。在三大运营商铺天盖地的 5G 网络应用创新比拼中，5G 设备和产品实质上已经进入"实战练兵"阶段，不少普通老百姓提前感受到了 5G 的魅力，一些垂直行业率先体验到了 5G 的优势。

比如，远在四川大凉山的孩子们，已经率先体验到"5G+VR"远程沉浸式教学的优势。通过充分发挥 5G 大带宽优势、实时开启 4 路 4K 高清全景，凉山州昭觉县解放沟乡小学的同学们"走进"了 500 多千米外的成都名校课堂，与城里的同龄人一起共享优质教育资源。

2019 年 2 月 4 日除夕夜，央视春晚主会场与广东深圳分会场的 5G 4K 超高清直播视频顺利接通并传送。

四川大凉山体验"5G+VR"远程沉浸式教学
的孩子们（张明／摄）

5G 4K 超高清直播视频
（陈美金／摄）

中国移动与杭州汽轮动力集团合作打造的 5G 三维扫描建模检测系统使检测时间从 2 ~ 3 天减少到 3 ~ 5 分钟。

国家大剧院原创民族舞剧《天路》的 5G 直播，开创了 5G+ 高雅舞台艺术跨界融合的先河。

5G 三维扫描建模检测系统

民族舞剧 5G 直播

中国 5G 发展关键词

大幕开启，万众瞩目！

作为全球第 5 个宣布 5G 商用的国家，我国 5G 的下一步发展备受关注。

工信部部长苗圩代表政府，要求"推动 5G 高质量发展，更好地支撑服务数字中国建设，促进社会经济发展"。

持证上岗后，中国电信承诺"提供优质的网络质量和丰富的应用服务"；中国移动的目标是"打造全球规模最大的 5G 精品网络"；中国联通旨在"让亿万消费者共享 5G 发展成果"；中国广电侧重"建设广连接、人人通、应用新、服务好、可管控的精品网络"；作为 5G 基站建设的中坚力量，中国铁塔则聚焦"深挖共享潜力，快速经济高效地建设 5G 基础设施"。

目前，中国电信、中国移动、中国联通均已明确 5G 发展规划并发布了 5G 品牌标识，2019 年 9 月底前，全国将有超过 40 个城市提供 5G 商用服务，预计 2020 年面向 SA 的 5G 网络升级正式启动。据已公开的最新数据，中国移动 2019 年将在全国建设超过 5 万个 5G 基站，在超过 50 个城市实现 5G 商用服务；2020 年在全国所有地级以上城市提供 5G 商用服务。

我国各级地方政府也积极响应。5G 牌照发放前，浙江、安徽、广东、福建、山西、江西、河北、河南、贵州等省省委省政府领导先后就 5G 发展创新进行了专题调研。据不完全统计，目前北京、上海、广东、浙江、江苏、河南、江西等全国多个省（区、市）纷纷发布 5G 发展计划，明确了 5G 网络建设和应用创新的目标，细化分解了多项保障措施和保障任务。

2018 年 9 月 13 日，中国电信正式启动"Hello 5G"行动计划，中国电信的 5G 品牌 LOGO 和主题口号"赋能未来"也正式亮相。其中，"5G"由中国电信品牌标准色两色组成，"G"字的右上侧放置了"hello"文字，代表全新 5G 数字化社会的到来，也表达了中国电信欢迎产业合作伙伴共

中国电信 5G 品牌 LOGO

中国联通 5G 品牌 LOGO

中国移动 5G 品牌 LOGO

同拓展 5G 生态的开放合作态度。

2019 年 4 月 23 日，中国联通发布了全新的 5G 品牌 LOGO "5G^n" 及主题口号"让未来生长"。5G^n 中的 n 是英文 number（数字）的首字母，代表了数字记录的时代，也是 near 的首字母，表示拉近距离，代表了 5G 的多场景应用和无限可能。中国联通的主题口号则体现了联通 5G 作为新生事物所焕发出的勃勃生机。

2019 年 6 月 25 日，中国移动正式发布了"5G+"品牌 LOGO。其中，5G "∞"符号形象体现了改变社会的无限可能，寓意中国移动 5G 开放、共享的理念和愿景；"5G"右上角的两个"+"号寓意中国移动"5G+"计划将为行业及个人带来叠加倍增的价值；两个"+"号从小至大，表达中国移动不断开拓向前，引领技术发展，改变社会的坚定信念与积极态度。

随着 5G 建设热潮的涌动，面向未来，以下五大关键词描绘出了我国 5G 的发展路线图。

1. 创新

5G 商用，不是终点，而是起点。点赞，还是拍砖？一切有待市场检验，一切有待用户测评。

中国工程院院士邬贺铨提醒说："5G 是一个新事物，如同 2G、3G、4G 一样，5G 正式商用后，还有很长的路要走。特别是商用初期，在终端体验、网络覆盖、业务应用等方面需要一个探索过程，难免出现一些问题，需要在技术改进、市场竞争、应用实践中不断完善、走向成熟。"

迎接挑战、突破自我、完善成熟，唯有创新。

标准有待创新。5G 标准，尚未画上句号。3GPP 正在制定更加完善的 5G R16 标准，最快 2019 年 12 月可完成满足 ITU 全部要求的完整 5G 标准。5G R16 聚焦高可靠、超低时延应用，面向车联网、工业互联网等垂直领域，对 5G 未来的发展至关重要。5G R16 标准冻结后，新一轮的技术比拼、产品比拼、生态比拼即将上演。

应用有待创新。超大带宽、超低时延、超密连接，5G 的特性决定了其用武之地不仅在于人与人的连接，更聚焦人与物、物与物的连接，有望助力更多的智慧应用从梦想接入现实。什么是 5G 的杀手级应用？不是让人目不暇接的炫技，也不是展示台上的惊呼，5G 应用必须"食得人间烟火"，必须"沾泥土、带露珠、冒热气"。5G 应用如果缺乏商业价值，就没有生命力。一句话，产业链必须尽快找到能赢利的 5G 应用，5G 才能更有效地发挥其经济和社会价值，造福全人类。

模式有待创新。5G 建设需要巨额资金。多重因素作用下，电信运营商利润增长遭遇瓶颈，建设资金从哪里来？融资模式有待创新。4G 捧红了"流量经营"，加速了"语音短信"的衰败。5G 来临，流量"爆炸"，语音全免费近在眼前，电信运营商的商业模式如何创新以应对新需求，组织结构如何变革以应对新挑战？运营商建设的 5G 网络不仅将改变社会，首先也将改变其自身。

2. 开放

我国 5G 牌照的提前发放，与美国对我国高科技公司的疯狂无理打压、与西方某些国家对中国通信设备（以及设备商）的肆意封堵，不无关系。但即使如此，我国坚持开放融通、共同发展的决心从未动摇。

事实上，我国一直秉持开放、包容、合作、共赢的理念，与全球产业界携手推进 5G 发展。早在 2013 年，我国成立 IMT-2020（5G）推进组时，爱立信、诺基亚、高通、英特尔、罗德与施瓦茨等多家知名国外企业均是成员单位。基于推进组这个平台，国内外企业联合开展技术研究、技术试验和产品测试验证，共同制定技术规范和测试规范，并积极参与测试。全球系统设备、芯片、终端、测试仪表等企业相互合作，共同促进，对加快我国 5G 产业链的发展、成熟起到了重要作用。

"全球移动通信行业发展已经形成'你中有我、我中有你'的格局，各国企业通力合作、互利共赢。4G 时代，多家国外企业即已进入我国移动通信市场，并与我国电信运营商建立了良好的合作关系，是我国移动通信市场的重要组成部分，为我国移动通信行业发展做出了重要贡献。"中国信息通信研究院高级工程师龚达宁在接受记者采访时如是说。

在 5G 牌照的发放仪式上，工信部部长苗圩明确表示："5G 牌照发放后，我们一如既往地欢迎外资企业积极参与我国 5G 市场，共谋我国 5G 发展，分享我国 5G 发展成果。"这再次向外资企业释放了明确信号：欢迎来华，合作共赢。

我国 5G 牌照发放后，爱立信、诺基亚、高通、英特尔等企业纷纷在《人民邮电》报发表贺词，充分显示了外资通信企业对参与我国 5G 发展的信心。爱立信认为，"中国的 5G 市场潜力巨大，将成为世界上首批大规模部署 5G 网络的市场。而中国的开放政策——欢迎国内外企业共同参与 5G 网络建设和应用推广，也将为 5G 部署带来新格局"。诺基亚表示，"对于工信部表示大力支持鼓励跨国企业参与中国 5G 建设感到格外振奋，相信这一举措将确保中国 5G 产业健康、有序、可持续地长期发展，为中国的数字化经济转型及腾飞奠定坚实的基础"。美国知名科技网站 TechCrunch 评论说，5G 领域的各个商家，包括网络设备制造商、手机制造商、芯片制造商和应用开发商等都已加足马力，希望能好好把握中国 5G 发展的机会。

全球化潮流不可阻挡，世界各国经济相互依存、彼此融合。在国际形势风云激荡，特别是保护主义抬头、冷战思维泛起的当下，我国 5G 发展的开放姿态、共享气度赢得了中外产业界的点赞，将为全球 5G 产业发展注入更多信心和正能量。

3. 共享

5G 发展，网络是基础。据相关专家预测，由于频率更高，5G 建设初期，基站建设密度是 4G 的 2 倍以上，造价约是 4G 基站的 3.5 倍，随着网络规模的不断扩大，造价会逐渐降低。总之，若要更高效、更经济地打造 5G 精品网络，共建共享是不二选择。

5G 牌照发放后不久，国资委副主任赵爱明、任洪斌即前往中国联通调研，并参加了中国电信、中国移动和中国联通的 5G 产业发展研讨会。赵爱明表示，三家运营商要主动承担国家任务，进一步加强合作，避免 5G 重复投资，加强 5G 自主创新和标准工作，重视产业发展中的风险防范工作。任洪斌要求相关企业加强合作，务实推进，不断提升服务质量，共同建设健康有序的 5G 发展环境。两位副主任同时"喊话"，十分少见，重点就是"加强合作，避免 5G 重复投资"。

早在 4G 网络建设中，中国铁塔就发挥了巨大作用。中国铁塔深入推进以共享为核心的集约化建设模式，迅速满足三大电信运营商的 4G 网络建设需求，通信行业铁塔共享率从 20% 快速提升至 75%，仅 3 年就减少通信铁塔重复建设 56.8 万个，相当于节约投资近千亿元。

"中国铁塔将以更优品质、更低成本、更高效率做好支撑服务。坚持能共享不新建，能共建不独建，全力支撑服务 4 家通信企业快速经济地建设5G 网络。"5G 牌照发放后，中国铁塔董事长佟吉禄表示。数据显示，中国铁塔自身拥有 195 万存量站址，可为中国电信、中国移动、中国联通、中国广电 4 家 5G 运营商共享。同时，中国铁塔储备形成了千万级的社会杆塔资源站址库，包括 875 万路灯杆、监控杆，超 350 万电力杆塔，以及33 万物业楼宇，可为 5G 基站低成本快速布设奠定基础。中国铁塔承诺，将联合厂家共同研发适应 5G 技术特点的新型基础设施，例如新型共享室分产品等。

值得关注的是，中国广电作为新进入电信市场的运营商，基础通信网络实力相对较弱，运营人才资源相对匮乏，"共建共享"成为其建设 5G 网络的必然之选。

中国广电于 2014 年 5 月正式挂牌运营，主要从事授权范围内的有线电视网络相关业务，拥有 700 MHz"黄金频谱"资源。刚刚拿到 5G 牌照，中国广电就立即释放合作信号，希望"与其他运营商和铁塔公司精诚合作，共建共享"。

未来，我国四大 5G 运营商将形成"竞争 + 合作"的关系，面向全国的 5G 网络布局、业务拓展也将各有侧重。

4. 绿色

作为新发展理念的重要组成部分，绿色发展是实现经济高质量发展的基本要求，代表了当今科技与产业的发展方向。我国不仅要实现"高速5G""智能 5G"，还要实现"绿色 5G"。

一方面，建设 5G"绿色网络"。随着通信网络规模的不断扩张，通信行业的能源消耗总量呈较快增长态势。基站作为移动通信不可或缺的设施，其能耗约占全网能耗的 80%，是节能减排的重点对象。测试显示，目前5G 基站的单站能耗是 4G 基站的 2.5 ~ 3.5 倍，加之 5G 基站密度较 4G更高，电信运营商面临的 5G 基站能耗成本挑战与节能减排挑战十分严峻。针对基站设备、空调制冷系统、设备供电系统等的能耗特点，积极创新节能技术，切实应用节能措施，打造"低碳基站"，已经成为行业共识。

另一方面，打造 5G"绿色内容"。5G 将给很多行业带来革命性变化，典型代表是高清视频领域。5G+XR 带来的沉浸式视听体验将给人们带来全新的感官震撼，目前已经激发了诸多企业的投资热情，当然，也吸引了一些游走于边缘地带或从事非法交易的组织的关注。高科技是柄"双刃剑"，关键是如何把控、如何应用。我国 5G 的发展需要各方携手打造积极健康、向上向善的网络文化，营造风清气正的网络空间。

5. 合作

5G 牌照发放后不久，我国 5G 网络的主要运营商纷纷发出了"合作共赢，打造 5G 生态圈"的号召，并推出"硬核"举措。

中国电信董事长柯瑞文表示，中国电信将秉持开放合作的态度，坚持共享、共创、共赢，构建 5G 建设和发展的新生态。一是能力共享。坚持共建共享原则，加快建设完善 5G、天翼云、光网等信息基础设施，向合作伙伴全面开放云网能力、平台能力、研发能力，与大家携手开创 5G 发展的辉煌未来。二是价值共创。通过广泛合作、深度融合、协同创新，发挥终端设备供应商、技术服务提供商、电信运营商、传统企业、应用开发商、平台提供商等各自的优势，提升 5G 产业价值，促进生态繁荣。三是产业共赢。加强与视频、教育、游戏、医疗等产业伙伴的合作，不断丰富内容应用，带动各方共同成长。

中国移动董事长杨杰认为，推动 5G 发展，网络是基础，融合是关键，合作是潮流，应用是根本。中国移动推出的"5G+"计划，包括推进 5G+4G 协同发展、5G+AICDE（即人工智能、物联网、云计算、大数据、边缘计算）融合创新、5G+Ecology 生态共建以及 5G+X 应用延展。其中，中国移动将全面构建资源共享、生态共生、互利共赢、融通发展的 5G 新生态，深入推进 5G 产业合作，携手共建 5G 终端先行者产业联盟、5G 产业数字化联盟、5G 多媒体创新联盟，创新推出 5G "BEST"新商业计划。5G 产业数字化联盟方面将推出"百家伙伴优选"计划、"百亿资金腾飞"计划、"千场渠道推广"计划、"优惠资源享有"计划，并设立总规模 300 亿元的 5G 联创产业基金。

中国联通董事长王晓初强调，中国联通的 5G 发展将秉承"新蓝海的试验场，独角兽的孵化器"的合作理念，共建创新联盟，共筑商业范式，共享优质资源，共赢广阔市场；坚持开放共享，从设备、行业应用、技术、资本、5G 专网等多个维度，与产业链开展不一样的建设和运营合作，为产业链合作伙伴提供最灵活的合作方式。他呼吁，芯片、模组、终端、系统集成、内容应用、技术合作及各类软硬件合作伙伴共同投身到 5G 新生态的建设中来。目前，中国联通发起成立的"5G 应用创新联盟"已有近 200 家领军企业加入，预计未来将达到 1000 家。

建设和发展好 5G，绝不仅仅是电信运营商一个环节的事儿，还是全产业链、全社会的共同责任。

中国信息通信研究院相关报告预测，到 2025 年，5G 将带动我国直接和间接总经济产出 35.4 万亿元，创造 300 万个新增就业岗位。随着商用的推进，5G 不仅将给信息通信业开启新的发展空间，还将与实体经济深度融合，赋能各行各业，支持工业互联网、智慧医疗、智慧交通、现代农业、智慧能源等相关领域的智能应用突破，成为数字经济时代的发展新引擎。

面向万物智联新时代，5G 的产业链不再是局限于信息通信业的小产业链，而是延伸至社会各行各业的大产业链；5G 的生态圈也不再是局限于系统、终端、个人应用等的小生态圈，而是涵盖社会发展各领域的大生态圈。突破跨行业的思维壁垒、信息壁垒、信任壁垒，需要大联合、大协作。

尾声

一只蝴蝶在南美洲亚马孙河流域的热带雨林偶然扇动了几下翅膀，两周后，引起了美国得克萨斯州的一场龙卷风。

蝴蝶效应告诉我们，看似微不足道的力量，产生的威力却超出想象。

随着移动通信技术、网络、应用与人类社会越来越紧密地交织交融，微妙的蝴蝶效应正在 5G 时代加速放大。未来，5G 究竟能给我们的社会带来怎样的改变？我国 5G 将给世界发展带来怎样的贡献？"万物智联"将引导人类社会进入怎样的阶段？我们充满了期待。正如 2G、3G、4G 时代一样，我们的每一次预测都显得那么缺乏想象力。让我们一起迎接 5G 时代的精彩吧！

专家观点

移动通信行业是新中国科技创新的典范

（采访中国工程院院士、中国互联网协会理事长邬贺铨）

从小到大，从弱到强，从城市到乡村，从国内到国外……新中国成立70年来，移动通信行业以前所未有的发展速度创造出世界通信史上的奇迹。移动用户数快速增长、移动互联网快速发展的背后，是我国移动通信全产业链的群体腾飞。

多少艰辛努力，多少拼搏创新，多少改革突破……成就了移动通信今日翻天覆地的变化。在《智联天下：移动通信改变中国》完稿之际，笔者十分荣幸地采访到了中国互联网协会理事长、"新一代宽带无线移动通信网"国家科技重大专项技术总师、中国工程院院士邬贺铨先生。这位信息通信业的泰斗级专家亲历了我国移动通信从无到有、从弱到强的跨越式发展历程，见证了移动通信从受制于人到闪耀全球的坎坷创新之路。

笔　者：对于我国移动通信的发展，有不少人用"指数型增长、跳跃式前进、跨越式发展"来评价。您作为亲历者、见证者，同时也是实践者、推动者，如何看待几十年间我国移动通信的发展？

邬贺铨：新中国成立70年来，我们祖国的各行各业都发生了翻天覆地的变化，每个人的感受都非常深刻。作为科技工作者，我认为，最激动人心的就是科技领域的变化，其中，移动通信的表现尤为突出。

20 世纪 70 年代蜂窝移动通信技术出现以后，我国开始接触这一高科技领域，但直到 20 世纪 80 年代末才正式开通了蜂窝移动通信网络。坦率地说，我国移动通信的起步相对世界领先国家是较晚的。

1G 时代，手机被称作"大哥大"，几万元一个，普通人哪里用得起？尽管"七五"期间，国家已经开始组织技术攻关，研发移动通信的系统设备和终端，我所在的单位也承担了相应的工作，但是当时还没有产业化的概念，我国整体技术水平与发达国家相比，差距还是很大的。

2G 时代，我国政府部门大胆决策，在固定通信还在大发展的时期，以超前眼光看准未来方向，大力发展移动通信，推动移动网络的覆盖率和用户普及率快速提升，并尝试推出了我们自己的产品，让很多老百姓都用上了手机。

3G 时代，我国拥有自主知识产权的 TD-SCDMA 标准成了 3G 三大国际标准之一，实现了我国百年通信史上"零的突破"。当初，很多人认为，即便中国提出了移动通信标准，也不可能形成一个产业。很多外资企业对 TD-SCDMA 标准的态度是不信任、不支持、不参与。因此我国在发展 3G 的时候，不得不从系统、终端、芯片、软件、仪器仪表等全产业链做起，由此也为我国移动通信产业体系的建立打下了坚实的基础。

4G 时代，我国提出的 TD-LTE 标准再次成为国际标准，各方面指标都可以与欧洲提出的 LTE FDD 标准相媲美。我国建成了全球最大的 4G 网络，仅 TD-LTE 基站数量就超过了美国与欧盟的所有 4G 基站数量。在这一时期，我国移动通信全产业链发展壮大，华为、中兴成为全球领先的移动通信设备供应商，中国移动、中国电信、中国联通也走在全球运营商的前列。

5G 时代来临，基于 4G 打下的基础，我国在 5G 不少领域处于全球领跑地位。截至 2018 年 3 月，我国提交的 5G 国际标准文稿占全球的 32%，牵头的标准化项目占比达 40%，推进速度、推进质量均位居世界前列。目前，全球 5G 标准必要专利排名前 10 的企业中，我国占了 3 家，专利数占比达 34%。值得自豪的是，我国打造了相对完整的 5G 产业生态，但这并不意味着我国在产业链的各个环节都很强，我们还有很多需要努力、需要突破的环节。

从完全不了解移动通信，到发展为移动通信用户大国、移动通信设备制造大国、移动通信应用大国，可以说，移动通信是新中国成立 70 年来科技变革的缩影、科技创新的典范，也是高科技造福人民的代表性行业。

笔　者：今年 6 月 6 日，我国发放了 4 张 5G 牌照，社会各界都对 5G 充满了期待，感觉 5G 很神奇。能否请您介绍一下未来 5G 的神奇应用场景？

邬贺铨：移动通信本身就是很神奇的，可以跨越时空界限，实现万千变化。近几年我国持续推进"提速降费"，有力激发了大众使用流量的热情，促进了移动互联网的创新发展。我们常说，出门什么都可以忘带，但是千万不能忘带手机。这充分说明移动通信已经成为我们生活中不可分割的一部分，真正融入了生活，改变了生活。

未来，5G 不仅将改变生活，还将改变社会。其中，5G 在高清视频领域的应用就会给很多行业带来革命性的改变。要想在线浏览 8K 视频，接入宽带速率就得达到 100 Mbit/s 以上，而 VR、AR 应用则要求更高，需要

1 Gbit/s 以上，4G 网络很难做到，5G 网络就没问题。你们要问了，这有什么用呢？用处很多——

农业领域：陕西盛产苹果，苹果的花期只有一周时间，开多少花往往意味着结多少果。在无人机上搭载高清摄像头，通过与 5G 网络结合，农户就能实时监控苹果树何时开花，并在结果前几个月预测出苹果的产量，从而用期货的方式将苹果销售出去，农户就会有更多的收入。

工业制造领域：制造大飞机，是造好每一部分，然后一节一节组装。这个组装涉及很多管线和零件，需要非常有经验的产业工人对照设计图纸小心连接。现在，中国商飞给装配工人戴上了 5G+8K+VR 头盔，哪一根线缆连接到哪一个位置，一目了然，既提高了工作效率，又保证了工作质量。现在，中国商飞还通过两个摄像头进行飞机装配及相关设备扫描，进而合成三维视频，准确检验装配的精度，这个技术最关键的就是两个摄像头要精确时间同步，5G 就能实现。

远程医疗领域：今年 3 月，在三亚的解放军总医院海南分院的医生通过 5G 远程遥控在北京的解放军总医院的手术器械，为北京的一位帕金森病患者成功进行了脑起搏器植入手术。这是全球首例基于 5G 的远程操控人体手术，手术双方相距近 3000 千米。今年 6 月，四川宜宾发生 6.0 级地震，5G 急救车和临时病房已经开始投入伤员抢救工作。当时，急救车上的工作人员通过车载医疗设备，第一时间完成了验血、心电图、B 超等检查，并通过 5G 网络把伤员的病情信息传送到了四川省人民医院，方便相关医疗专家开展远程会诊。

…………

未来，移动通信的发展不可估量。以往，3G、4G 都催生出当时意想不到的新应用，5G 也将催生出我们现在想象不到的新模式、新业态。

笔　者： 回顾我国移动通信行业的发展，可谓跌宕起伏、波澜壮阔，有没有给您印象最深的转折性事件或者故事？

邬贺铨： 还是要从 3G 谈起。1997 年，ITU 向全球征集 3G 国际标准技术方案。当时，我在电信科学技术研究院工作，也就是后来的大唐电信。收到 ITU 的通知后，院里就有一个设想：我们是不是也可以提出一个标准？之所以敢于提出这一标准，是因为研究院开发过 1G 的终端、2G 的交换机，还有 SCDMA 无线接入系统。就是这样一个看似"异想天开"的想法，成就了后来我国在移动通信国际标准领域的突破。

其实，最难的还不是提出标准，而是如何将这个标准产业化、市场化。当时，很多人不看好 TD-SCDMA，欧美的企业认为这最多就是个纸面上的标准。但是，大唐电信很坚决，一定要把 TD-SCDMA 做成产业，投入了大量资金和资源。可在十几年前，我国的科技创新投入分配给移动通信的并不多，能投到 TD-SCDMA 的就更少了。大唐电信的压力很大，甚至有人说，你把自己的产品做好就行了，搞什么创新呢？创新是国家的事，不是你的事。

周光召、路甬祥、徐匡迪等科技界领导了解到这一情况，联名写信给国家领导人，并得到回复，中国好不容易才在国际标准上实现突破，要坚定支持自主创新。随后，国家发展改革委、科技部、工信部等部委联合支持 TD-SCDMA 发展，动员更多的企业参与 TD-SCDMA 产品的开发，并把运营的重任交给了中国移动。当时，中国移动也不是很有信心，因为

TD-SCDMA 是一个新技术，我们从来没有产业化、市场化的经验。但中国移动做得很好，TD-SCDMA 实现了国内市场"三分天下有其一"。而且，中国移动发挥了运营商的龙头作用，引领了整个产业链联合创新。当时，几乎没有一个国外厂商生产 TD-SCDMA 设备，都是我们自己做出来的。

现在，还有一些人说，TD-SCDMA 是个败笔。我认为不是。必须承认，在制定 TD-SCDMA 标准时，我们对宽带化的预见性不够，定义的载波带宽相对较窄，相比 WCDMA，对宽带应用的支撑能力相对较弱。尽管 TD-SCDMA 技术在设计之初考虑不够全面，但现在来看，TD-LTE 的能力比肩 LTE FDD，这说明 TDD 模式是成功的。现在 5G 的主流技术就是 TDD 模式，这说明我国选择的技术路径是完全正确的。5G 时代，我国能在一些领域实现领跑，这不是凭空出现的，与 TD-SCDMA 打下的产业基础有着极大关系。

所以，我始终认为，TD-SCDMA 是我国在移动通信自主创新路上的一个关键转折，它所发挥的作用是不可替代的，它对提升民族自信心的价值是极高的，我们必须感谢那些面对嘲笑不放弃、面对挫折不低头、面对困难不后退的通信企业和科技工作者。

笔　者：您提到，移动通信行业是新中国科技创新的典范，那在您看来，高科技领域要创新成功，特别是市场化成功，需要哪些关键要素？现在我国的移动通信又有哪些短板需要突破呢？

邬贺铨：我觉得有 3 个方面很重要。一是要营造创新的环境，特别是市场环境，这是拿金子都换不来的。TD-SCDMA 能够实现一定的创新积累，很关键的就是政府果断决策，由中国移动承担运营重任。有了对市场的信心，产业界才能投入、才能发展。二是要推动产业链联合创新。创新靠单个企业不行，必须整个产业联动，最好是实现产业链、创新链、价值链的深度协同。三是要具有国际化视野。闭门造车不利于创新，我们要积极跟进学习国外的先进技术、先进理念，加强对外的交流合作，要拥有国际化的视野和胸怀。

现在，我国在移动通信领域网络、系统设备和终端等方面做得很不错，但是我们的短板也是很突出的，特别是在芯片等底层技术方面、手机操作系统等软件生态方面、5G 毫米波等高频技术方面，距离世界先进水平还有很大差距。我非常希望有更多的年轻人能投入这个领域的研究之中，他们才是未来，短板就依靠他们来突破，而且还要培育我们的长项，形成全球核心竞争力。

在我看来，包括移动通信在内的信息通信行业，是一个非常有前景、有活力的行业。要想在这个领域有所建树，必须有坚韧不拔的精神，必须有团结协作的意识。想要拼搏、想要变革、想要创新的年轻人，来吧，这是一个最能体现你价值的领域！

移动通信发展彰显大国自信

（采访中国工程院院士倪光南）

"新中国成立 70 年来，我国的科技实力突飞猛进，无论是研发投入、研发人员规模，还是专利申请量、授权量，都实现了大幅增长，在众多领域取得了一批具有世界影响的重大成果。"在《智联天下：移动通信改变中国》完稿之际，中国工程院院士倪光南在接受笔者采访时表示，"其中，移动通信的表现很突出，这个行业的自主创新历程和成果彰显了我们的科技自信和创新自信"。

• 关键核心技术是要不来、买不来、讨不来的

在倪光南看来，我国移动通信的发展脉络十分清晰，从 1G 到 5G 就是一个从完全购买到跟跑、慢慢地并跑，再到如今在某些领域领跑的自主创新过程，"移动通信和超级计算机、北斗系统一样，都是我国科技创新的标杆"。

"我想强调的是，在信息通信领域，自主可控是非常重要、非常关键的。"倪光南说，网络化、信息化正在重塑世界政治、经济、社会、文化以及军事发展的新格局，是全球主要国家争相占领的科技制高点，"习近平总书记说'关键核心技术是要不来、买不来、讨不来的'，非常深刻，这一点在信息通信领域表现得更为突出，因为基础网络资源在一个国家的发展中占据着至关重要的战略地位。"倪光南比喻说，有些观点认为，我们乘船出海，为什么一定要造船呢，还可以买船，也可以租船啊，但问题是，有船

的人既不卖给你，也不租给你，怎么办？"我们只能靠自己，也必须靠自己。移动通信今天的发展成绩就证明了，自主创新是中国追赶世界先进水平所必须坚持的道路。"

作为首批中国工程院院士，倪光南在 20 多年前就极具远见地呼吁自主创新的重要性并身体力行，现在他正与一些科技专家携手积极推进信息通信产品"自主可控测评"体系的建设与完善。

何为自主可控？举例来说，你买了一辆传统汽车，那就拥有了对汽车的控制权，一般不需要再考虑可控性，只需要考虑安全性就行了。但是，如果你买的是自动驾驶汽车，这辆汽车同时也是一件"网络产品"，那么，它的安全性就变得复杂了。即使汽车本身的安全性没有问题，但它可能被黑客远程操控，这时汽车的控制权就落到了黑客手里，汽车不再受用户控制，甚至会造成车毁人亡的严重事故。

"这就是可控性出了问题。为了保障网络安全，必须实现技术、产品、服务、系统的自主可控，需要在质量测评、安全测评的基础上增加自主可控测评。"倪光南如是说。

• 高科技自主创新要有章法，特别要警惕"穿马甲"

自主创新，从来不易，特别是高科技领域的自主创新，特别是需要面对市场化检验的自主创新。究竟哪些因素对实现自主创新的成功突破至关重要呢？

在倪光南看来，指导思想、人才体系、市场引导十分关键，而且要特别警惕"穿马甲"之类破坏自主创新的活动。

第一，明确统一的指导思想尤其重要。习近平总书记指出，核心技术是国之重器，我们不能总是用别人的昨天来装扮自己的明天，不能总是指望依赖他人的科技成果来提高自己的科技水平，非走自主创新道路不可。"高层的坚定决心为科技工作者和创新企业指明了方向，增强了信心。当然，自主创新也不是关起门来创新，还是要有国际化视野，加强对外开放合作。"倪光南说。

第二，激励人才创新的环境十分关键。科技要发展，最核心的还是人才。"关于这方面，各界已经形成共识，国家也推出了很多积极的举措。我想强调的是，一定要让科技人员分享到科技创新的成果和红利，不仅要有精神鼓励，物质鼓励也要并进，同时加强知识产权保护。"倪光南表示，中国的信息通信领域还有很多短板，例如芯片、操作系统、工业软件等，创新攻坚、短板突破需要大量科技工作者，特别是年轻科技工作者的协同努力，必须想办法激发他们的积极性。

第三，市场的引导作用一定要重视。自主创新技术要成功，必须有自己的生态系统支持。倪光南说："TD-SCDMA发展的关键转折，就是国家把运营重任交给中国移动之后，市场信心发生了很大的变化，激发了整个产业链的活力。我们要给自主创新一定的市场空间和发展空间。"

倪光南提醒道，我们在推进自主创新的过程中，一定要警惕"穿马甲"之类破坏自主创新的活动，那些把国外的技术包装一下就戴上自主创新帽子的技术和产品，危害很大。"应当明确指出，这就是科技领域的'特洛伊木马'，欺骗领导，欺骗人民，对我国的科技发展危害很大。"虽然已经年逾80，但这位科技泰斗的言辞依然犀利。

就在本书完稿之时，从巴西布济乌斯传来最新消息，ITU-R WP5D 第 32 次会议于 2019 年 7 月 17 日结束，中国代表团完成了 IMT-2020（5G）候选技术方案的完整提交。

WP5D 第 32 次会议是 5G 候选技术方案的提案截止会议，有来自全球政府主管部门、电信制造及运营企业、研究机构的约 180 名代表参会。由中国信息通信研究院、中国移动、中国电信、中国联通、华为、中兴、中国信科等单位组成的中国代表团，提交了 5G 无线空口技术（RIT）方案。

据 IMT-2020（5G）推进组的消息，该方案基于 3GPP 新空口（NR）和窄带物联网（NB-IoT）技术。其中，NR 重点满足增强型移动宽带（eMBB）和低时延、高可靠通信（URLLC）两个场景的技术需求，NB-IoT 满足海量机器类通信（mMTC）场景的技术需求。

根据 ITU 的要求，完整的 5G 技术提交材料包括技术方案描述性模板、链路预算模板、性能指标满足性模板和自评估报告。中国的 5G 技术方案和技术支撑材料来自国内设备制造商、运营商和研究单位等的研究成果，体现了国内通信领域的群策群力和集体智慧。中国自评估研究结果表明，NR+NB-IoT 无线空口技术方案能够全面满足 IMT-2020（5G）技术愿景的需求和 IMT-2020（5G）技术指标的要求。

此次提交的 5G 技术方案表达了中国对 5G 技术的理解，考虑了 5G 技术的完整性和先进性，同时维护了以 3GPP 为核心的全球统一标准，体现了全球产业界的共同利益。2020 年 6 月，ITU 将根据评估与协调的结果，在 WP5D 第 35 次会议上正式宣布 5G 技术方案。

是的，这是全球产业界的共同利益，也是全人类科技发展的共同利益！这正是新中国成立 70 年来，中国的移动通信行业长期坚持的发展目标和主旨。

一方面，来自欧美日韩等国际社会的前沿理论、尖端技术、先进理念等让中国移动通信行业受益良多，促使我们可以在借鉴前人发展经验的基础上快速提升发展进程；另一方面，中国移动通信行业几何级数式的发展不仅改变了中国，同时也给世界信息通信文明的进阶和人类社会的进步做出了巨大贡献，让全球特别是发展中国家的人民分享到了中国科技进步的红利。

在中国大市场的推动下，全球移动通信行业被注入强劲活力，移动通信技术创新、业务创新生机蓬勃。从 1G 到 5G，中国坚定不移地奉行互利共赢的开放政策，国外通信设备制造企业、终端制造企业、芯片企业等在中国近 14 亿人口的大市场中获取了巨额收益，中国市场成为这些企业最重要的发展天地，来自中国的收益也成为其技术突破、创新发展的强有力支撑。可以说，中国巨大的市场规模、稳定的社会环境、丰富的人力资源，给全球的移动通信投资者创造了丰富的发展机会，给全球的移动通信创新者提供了广阔的创业平台。

在中国通信企业的驱动下，全球用户使用移动通信的门槛大幅降低，移动通信真正从少数人享有的奢侈品变为全球大多民众的生活必需品。移动通信是一个充分竞争、全球竞争的行业。随着中国的通信设备制造企业、终端制造企业、移动互联网企业的成长和崛起，全球移动通信设备、终端、应用市场更具活力、生态更加健康。"优质低价"的中国制造在保持产品高质量的同时，大幅拉低了移动通信设备的价格；"好用有趣"的中国创新模式、创新应用，给移动通信用户带来了充满魅力的信息生活新方式。来自中国的这些变化，不仅让中国人民受益，也让世界人民，特别是发展中国家的人民广为受益，全球更多的人能够"用得上、用得起、用得好"移动通信，为全球数字鸿沟的消弭、数字荒漠的缩小做出了积极贡献。

在中国创新技术的开拓下，全球移动通信的发展走向标准统一化，对稀缺频谱资源的高效利用成为未来发展方向。在包括移动通信在内的无线通信领域，最本质、最宝贵、最稀缺的就是频谱资源。中国贡献的TD-SCDMA、TD-LTE以及5G技术方案，充分发挥了TDD制式频谱分配灵活、频谱利用效率高、更适合具有不对称性的移动互联网业务流量等优势，代表了移动通信的发展方向。这是中国对全球移动通信技术和制式发展的重要贡献，是中国智慧对世界信息通信文明发展的重要贡献。

当前，全球移动通信发展已经进入了新阶段，5G商用大幕全面拉开，6G技术研发正式启动。在憧憬"万物智联"时代的各种美妙场景、各项神奇应用的同时，全球移动通信还有非常重要的瓶颈亟待突破——摩尔定律的物理极限已经逼近，晶体管的体积达到纳米级别，继续缩小的可能性已非常小；香农定理的极限已经逼近，这一信息通信业"扛鼎"的基础理论几乎走到了尽头……包括移动通信在内的全球信息通信业及其相关领域的发展，正面临着亟待理论突破的大转折挑战。迎接这一挑战，需要全球各国对基础理论研究的高度重视，需要全球科技精英的共同攻关，需要全人类的共同努力。

追古溯今，科技进步从来都是全人类共同的成果，也必将惠及全人类，开放与合作将是永远的主题。中国，将聚四海之气，借八方之力，以更大的开放、更好的合作谋求共赢，贡献世界！